学校品牌文库

主编：李季

李红秀◎著

做一名诗意的
点灯人

ZUO YI MING SHIYI DE DIANDENGREN

暨南大学出版社
JINAN UNIVERSITY PRESS

中国·广州

图书在版编目（CIP）数据

做一名诗意的点灯人/李红秀著.—广州：暨南大学出版社，2022.12
（学校品牌文库/李季丛书主编）
ISBN 978 – 7 – 5668 – 3523 – 9

Ⅰ.①做…　Ⅱ.①李…　Ⅲ.①小学教育—教育管理　Ⅳ.①G627.9

中国版本图书馆 CIP 数据核字（2022）第 190976 号

做一名诗意的点灯人

ZUO YI MING SHIYI DE DIANDENGREN

著　者：李红秀

出 版 人：张晋升
统　　筹：苏彩桃
责任编辑：黄　斯
责任校对：刘舜怡　黄子聪
责任印制：周一丹　郑玉婷

出版发行：暨南大学出版社（511443）
电　　话：总编室（8620）37332601
　　　　　营销部（8620）37332680　37332681　37332682　37332683
传　　真：（8620）37332660（办公室）　　37332684（营销部）
网　　址：http://www.jnupress.com
排　　版：广州市天河星辰文化发展部照排中心
印　　刷：佛山市浩文彩色印刷有限公司
开　　本：787mm×1092mm　1/16
印　　张：11.75
字　　数：210 千
版　　次：2022 年 12 月第 1 版
印　　次：2022 年 12 月第 1 次
定　　价：49.80 元

# 教育如诗

李红秀老师的《做一名诗意的点灯人》，"深情美如一首诗""师生亲如一家人""光亮明如一盏灯"。

《是谁传下这诗人的行业》《下辈子，我还做老师》……温润清新的文笔娓娓道来，大教无痕的师心春风化雨，字里行间洋溢着一个诗意匠心语文名师的教育智慧、一位点亮心灵的名班主任的育人情怀，传唱着将"太阳底下最光辉的事业"进行到底的师者信念。

教育如诗，初心寻觅，砥砺前行，让每一个学生向阳而生，健步远方。

教育如歌，流金岁月，笑慰流年，让每一个学生自然发展，自信成长。

教者匠心，爱与执着，走心育人，让每一个学生发现自我，美丽成长。

师者匠心，幸福教育，"点灯"管理，班级家校协同育人，共同成长。

最近笔者应开放大学邀请录制《教育可以更美好——当学生遇上适合的老师》的师德师风师爱"国培"网络课程讲座，以"大爱于心，大教无痕，寻找教学相长教育智慧，探索学导生成育人生态"为基本思路；以"什么是适合学生的老师——教师的理想与理想的教师""如何让教育更美丽——教育的理想与理想的教育"如何成为适合学生的老师——教师的匠心与匠心型教师"为主要内容；以"我以匠心事志业：让优秀成为习惯——优秀是信念的坚定，优秀是事业的坚守，优秀是理念的升华，优秀是专业的探究，优秀是情怀的倾注，优秀是匠心的专注"为结语。

对照一下《做一名诗意的点灯人》，好像有点儿"异曲同工"。于是乎，就有了这个序。

李 季

2022 年 6 月 23 日

（作者系广东第二师范学院心理学教授，中国陶行知研究会未来教育专委会理事长）

# 诗意地栖居在大地上

近日收到李红秀老师的书稿，让我为其写序。一番沟通之后，我再次用心品读，说再次，是因为这些文字很多已经在《广东教育》《韶关日报》等报刊上登载过。

李红秀老师，是我带的南雄市首届名班主任班中的一员，也是一名广东省名班主任。李老师文笔优美清新，她借助散文的力量，让自己对教育的思考，通过诗般的语言呈现，在"思"与"诗"的对话中，维护了人类生命以及乡村教育的高贵，"人诗意地栖居于大地之上"说的也许正是这种生命状态。作为乡村一线教师，能把校园、把教育故事写得像诗那般美，当下着实不多。

我认识的李老师，作为一名文学爱好者，具有文艺写作者的所有品性：质朴、敏感、柔软、奋进；同时具有教师的职业素养：敬业、专业、精业、乐业。她是一名出生于粤北山区的孩子，耳濡目染乡村的风土人情，骨子里的纯朴与心灵深处的纯净，使得她格外眷恋乡村教育生活。因为眷恋，她的文字如诗又如光，感染着千千万万的乡村教育者。

本书以"做一名诗意的点灯人"为名，记叙了一名普通乡村教师，因为热爱而闪闪发光，逐渐成长为省名班主任的历程。文字朴实真挚，叙说平凡而动人，这种纯粹的真实和自然很感染人，能激发教师对职业的热爱，同时对中小学一线教师，尤其是对广大乡村教师的专业发展及探索研究与形成自身特色教育教学风格，具有实践参考意义。书中既有诗情画意般美好的师生故事，也有操作性强的策略教育文论；既体现出教育的艺术性，又彰显出教育的科学性。在一遍遍细读过程中，我多次被李老师的热爱和努力打动，从最开始的"诗化德育"研究，她沉醉于带领学生读诗、品诗、诵诗、赛诗，在诗意中徜徉；到后来的"'点灯'式班级管理"，她潜心于行动研究，从学生的日常行为、日常教育问题出发，探求解决教育实践问题、具有自我特色的"点灯"式班级管理策略。若说"诗化德育"是"'点灯'式班级管理"的基础，是从心灵熏陶到行动研究的过渡，那么"'点灯'式班级管理"则是"诗化德育"的延伸。李老师的《基于幸福教育的"点灯"式班级管理研究与实践》获得了 2021 年韶关市中小学基础教育教学成果奖一等奖第一名，是这两方面研究的实践融合。

全书分为上中下三个篇章：上篇"深情美如一首诗"主题是"诗化德育"，以散文形式叙写诗化德育实践研究的感悟与生活体验。读《是谁传下这诗人的行业》《激扬梦想，春暖花开》，我们看到了李老师在导师的专业指引下努力成长的历程；读《下辈子，我还做老师》《我的魂生子女》等文，其细腻的笔端下展现了作者内心世界的丰富与热爱，无不令人感动。

中篇"师生亲如一家人"主题是"育人故事"，主要记录师生之间动人的故事，展现老师用"爱"收获学生的"爱"。读《从"手机迷"到"小棉袄"》《小铭笑了》等教育故事，我们看到了一位智慧的班主任是怎样把迷途的孩子牵引回来，仿佛读的是一颗母亲的心，这份母爱温暖了众多孩子的心。

下篇"光亮明如一盏灯"主题是"'点灯'式班级管理"，是作者在"诗化德育"的基础上对"'点灯'式班级管理"的探索，主要是课题研究、成果推广和教育文论，展现作者不断探究的智慧与执着，更展现了她对南雄市中小学班主任队伍建设的有效影响。

全书细细读完，一条美丽而温暖的教育行走线呈现于我们眼前……

吴世龙

2022 年 7 月 21 日

（作者系南雄市教育局德育办公室主任、广东省中小学德育研究会理事）

# 目录 CONTENTS

## 中篇　师生亲如一家人

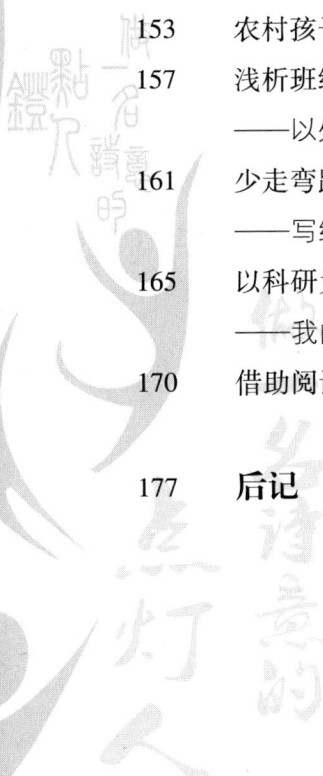

# 上篇　深情美如一首诗

# 是谁传下这诗人的行业

"是谁传下这诗人的行业，黄昏里挂起一盏灯……"每每吟诵起中国台湾诗人郑愁予的这首诗，我总会联想起恩师李季教授。

1996 年，我走上讲台，任教于乡村一隅，十几年来几乎与世隔绝。教书的好与坏，全由学生考试成绩说了算。2012 年更是陷入了人生低谷，困惑迷茫让我看不到前方的路。也就在这时，我就业后第一次迈出小镇，被学校派往韶关参加培训学习。在这里，我遇见了李季教授。

李教授看上去 50 岁左右，目光炯炯，气宇轩昂，圆融的脸，笑起来显得童心未泯。据主持人介绍，教授是叙事德育倡导者、教育部中小学教师"国培"计划首批入库专家、广东第二师范学院应用心理学教授。他的课堂朴实无华，随口说起的小故事似乎就发生在我们身边，听着听着，你会渐渐被那些小故事打动，被他的叙事教育主张吸引……

好久没迈出小镇的我，早已经陶醉在李教授的故事里。印象尤深的是他分享完《十字架的故事》后不经意间说的一句话："每个人每一天都在背负着各种各样的十字架艰难前行，只有坦然地接受它，我们才能到达成功的彼岸。不经历深刻的痛苦，我们也就体会不到酣畅淋漓的快乐。"教授将简单的小故事与人生哲理紧密结合，句句抵达我心底。正处于苦难煎熬中的我，开始慢慢地接受生活赐予我的"十字架"。与其沉湎于痛苦之中，不如去做点有意义的事情。我内心憧憬着：有朝一日，我也能成为教授口中有智慧有大爱的老师。返回校园，我一边努力实践着叙事德育课程，一边开始对专业成长进行更深的思考，终于忍不住内心的涌动，将其抖落成一串串文字，以邮件的方式寄给教授。

"写得不错！选了一篇推荐给编辑，请静候佳音！更期望你朝着教育梦想迈步，好好发挥你的细密心思和文笔，再加上教育思想，写出更好的作品！"当我再次打开邮箱，教授的称赞赫然呈现！意外、惊喜、憧憬……一份温暖瞬间消弭了时空的阻隔，如四月新茶的芬芳，袅袅送抵我心，让我眼前亮起了一道光。伴随着梦想，我的教育写作在教授的鼓励之下正式开启了。

我不再满足于日复一日的机械重复，而是打开了一扇阅读写作的天窗，开启了野蛮的专业成长之路。除了每天坚持阅读与写作，我也格外珍惜名班主任培训的机会，申报了课题"农村小学诗化德育的实践研究"，潜心课题研究；做到事事主动而领先，只要有合适的比赛，我都会积极申请参加，并保持平常心去面对比赛的得与失。有梦的日子，我过得美好而充实，无论走路、等车还是睡觉，不是听书看书，就是回忆思考；到了夜深人静之时，文字如流水般从笔下流淌而出。每一天都是阳光明媚，精力充沛，似乎早已经忘记了往昔的痛楚，我开始变得沉静，沉醉于教书、读书、写作之中。感受深刻的，我依然不忘邮给教授。教授很忙，为教育事业在全国各地飞来飞去，信息有时候秒回，有时几天才复，有时发来一个笑脸，有时回复一句祝福或一声鼓励，但只要是重要的文稿，无论多忙，他都会在深夜里帮忙修改并提出建议。

来自教授一字一句的鼓励和指导，不断累积，汇聚成一条流动的能量之河，穿越千山万水，由花城那头，流向小镇这头。无论我生活中遭遇到怎样的苦，心底总有力量，朝着梦想，朝着那个更好的自己不断前行。

2013、2014两年间，我在《广东教育》《韶关日报》《季风》等报刊上，一连发表了几十篇文章。终于，我由南雄市名班主任进阶为广东省名班主任。随着职称评审政策的开放，我也顺理成章地率先评上了副高职称，且成为本地少有的副高职称评委老师。

李季教授，就是那个赐我力量与光芒，让我在风雨飘摇中仍然能恣意地保持着诗意栖居与精神守望的恩师。

再次听教授的课，是在2016年8月参加广东省名班主任培训期间。

开班那天，身为名班主任导师的李教授率先给我们上课，那亲和而深邃的目光里充盈着笑意。课前，他介绍了班里几位同学：已经出了十几本专著的钟杰、写专著且到处讲学的王怀玉……"韶关李红秀"——当教授把我的名字道出之时，我涨红着脸站了起来，双手捂住怦怦直跳的胸口，朝四周鞠了鞠躬。省名班主任队伍里每个人都身怀绝技，自惭形秽的我坐在队伍中缺乏底气，被教授当众称赞后，我生怕往后的日子里自己会给教授蒙羞，那一刻，我知道自己得付出双倍的努力！

广东省名班主任培养对象身上承担着重要的责任，那就是要努力成为一束光，去照耀身边的老师，去温暖更多的孩子。讲座分享带来的辐射引领，是发光发热的一种方式，也是省名班主任的一堂必修课。我历来安静，不喜欢在众人面前表现自己，偶尔非说不可，也是紧张得面红耳赤，不知所云。2018 年 6 月 15日，是我第一次面对南雄市全市班主任讲课的日子，这对我来说，是一件"难于上青天"的事，让我常常夜不能寐。教授发现后，鼓励道："不要紧张，你如此优秀，不管你讲得怎样，我都很开心，迈出了第一步，就是勇敢的。"还说，哪怕失败了，将来做不成"演员"，做个"导演"也是不错的。这句话让我铭记于心，我卸下了包袱，坦然面对第一次讲座，虽内心还是无比忐忑，但多了一份踏实，一份力量。我非常感谢教授的这番话，有关"演员/导演"的开导让我释放了自己，他巧妙地护佑了自信不足者挑战自我的勇气。在教授的鼓励下，我成功地迈出了第一步。很快，南雄市新教师岗前培训、骨干班主任培训、名班主任工作室培训，韶关市名班主任培训，广州市番禺区班主任导师培训……一个个培训讲师任务接踵而来，促使我不断学习。在实践中，在教授的引领下，我把"诗化德育"的具体做法进行提炼，与"'点灯'式班级管理"进行融合，以此提升自我，做到面对任务坦然为之。

成为广东省名班主任培养对象后，我拥有了更多聆听李教授课程的机会。在课上，教授经常分享他自己的故事：少年时凭着努力一举夺下当年的高考状元；如今为了给我们上课，常常备课到凌晨三四点钟；习惯清静的他，逢年过节从不凑热闹，依然潜心于自己的研究……几十年如一日。都说好老师自己就是一堂最好的课，从教授身上，我学到了选择做一件事就要坚持到底，做到极致的精神，如陶行知所言"人生办一件大事来，做一件大事去"。这样能使自我德性达到完善的境界，在各种各样的磨炼中成就自己。

2021 年 5 月，我接到教育局申报成果奖的任务，需要我把"诗化德育"和"点灯教育"相融合，提升到理论的高度，给研究申报一个成果。这对我来说是件新鲜事，身边的老师都说不知道如何写。从哪里下笔呢？好多天我都找不到头绪。后来李教授向我推荐了几本书，又发来广东省成果奖的链接供我学习，还说我写好后再帮我修改。有了教授的帮助，我信心倍增。那段时间，除了上课，我脑里心里全是成果申报，思路来了会写至深夜。完稿后，我发给了教授。第二天一早我打开手机，发现教授深夜两点已经发回修改过的文稿，并提了好几条建议。看到教授因我而熬夜，我愧疚满怀，唯有用心修改，以最好的成绩回报他。

殊不知，越是用心修改，困惑越多，琢磨不透时我总是忍不住向教授请教，教授不厌其烦地帮助我，整个 6 月他都在我的"打扰"中度过。

2021 年 10 月，得知成果申报获得了韶关市中小学基础教育教学成果奖一等奖第一名，我马上告诉教授，教授高兴地说："这是你的一个新起点！加油，你的成长就是我最大的期望！"

这些都是我曾经不敢想的。慢慢地，一程一程走来，一站一站相继，我终于站上了梦里的高台。是李教授改变了我对挫折的态度，激发了我对生活的热情。在他的引导下，我发掘了自己的潜能，成为今天这个自带光芒的自己。

"是谁传下这诗人的行业，黄昏里挂起一盏灯……"在年岁渐长的未来，我会借着教授的光芒，守望和传承这份"诗人的行业"。

# 激扬梦想，春暖花开

## ——走近广东省教育专家吴世龙先生

春天，是播种的季节，是梦想滋长的季节。十年前的春天，我认识了恩师吴世龙先生。先生那时已过不惑之年，身上却总焕发着春天般的活力，多少人因为靠近他，被感染，从而开始了激扬梦想、春暖花开的职业生涯。

### 靠近您，温暖我

"仰之弥高，钻之弥坚。"还没认识先生时，我就已听说了老师们对他的赞誉。

2012 年春天，承蒙学校举荐，我成为南雄市名班主任培训班的一名学员，先生正是负责带班的班主任。先生面容清瘦，一双会笑的眼睛，显得异常亲切。学识渊博的他，全心系于教师的成长事业，把"让每一位教师都活成温暖的筑梦人"视为己任。作为"南雄市十佳校长"之一的他放弃了校长职位，承担起培训教师的工作。那时的先生，在小城里已是老师们茶余饭后热议的明星人物：出专著，省市讲学一百多场，还是广东省中小学德育研究会理事、南粤优秀教师、韶关市教改先进个人，等等，这让我们敬佩不已。成为先生班上的一名学员后，我对先生的认识渐渐清晰起来！

先生个性如春阳，滋养每个靠近他的人。我走近先生，是从他的课堂开始的。首次听先生的课，我便被他那独有的笑容所吸引，那是对工作饱含着幸福的笑，是由内而外自然绽放的笑。犹记得，那是一节心理分享课"快乐工作，幸福生活"，课堂上，没有太多理论与劝诫，而是讲故事，讲他自己的故事，还有别人的故事。从他真挚的眼神里，从他热情洋溢的言语中，我知道快乐工作、幸福生活需要亲历躬行！遵循着教导，朝着快乐工作的方向，我开始慢慢前行。在一次培训作业中，我的文章《下辈子，我还做老师》深受先生赞赏，他多次跟老师们提及，满脸的自豪与欣赏，末了说："李老师之于教育，如春天栽花，爱在左，责任在右，在生命的两旁，随时撒种，随时开花，将这一径长途，点缀得花香弥漫！"做教育如春天栽花，这份从业的温暖与美好，其实是从先生那学来的，先生放弃校长职位，选择与我们走在教育一线，陪我们去发现、去播种、去绽放，先生用自己的言传身教为我们开辟了一条春意盎然的教育栽花路！

先生曾说："一个人的潜力是无限的！"所以，他在赞赏的同时，不忘想方设法激发老师们的潜力，不论对方多么平凡，都会获得他的尊重和鼓励。因为我一直很少与外界交往，工作之余只喜欢躲在文字背后独自沉醉，偶尔在人多的场合迫不得已需要说上几句，总会紧张得面红耳赤，不知所言。随着名班主任培养的深入，每位培养对象均需要参与展示活动，此时我的弱项一展无遗。出席活动，我屡屡紧张出错，哪怕这样，我依然常常听见朋友们的转述：吴老师在某时某地真诚地赞扬了你……那一瞬，一抹愉快又羞赧的笑油然在心底升起——他的鼓励唤起了我孩童般的热情和天真，让我感受到温暖、自信和力量。朝着远方，我迈开了大步，踏上了由南雄市名班主任成长为韶关市名班主任的培训之路。

2014年9月，我意外被调离心爱的教所，到远方山村小学任教。长途跋涉来到陌生的山村小学，以校为家，我开始了新的教育旅程。山村小学的教室，地板是坑坑洼洼的，黑板连同它周围的墙壁，被岁月绣满了五彩花纹。最难的是，教师宿舍隔三岔五地停水停电，给住校的我们带来了诸多不便。孤独的我，每天睁眼抬头，与一脉脉连绵起伏的大山相视无语；低眉垂目，却是孩子们一双双充满渴求的眼神。孩子们对知识的这份渴求，让我卸下悲伤，重新振作起来。先生得知我的消息后，多次劝慰我："困难是暂时的，一切终将会改善，你能不忘初心安心工作，保持教研本色，不愧是咱们的名班主任呀！"同时，先生鼓励我趁着在山村工作清静多读书，还为我列出了一系列阅读书目。先生说："如果心有方向，不管外界与外境如何，都可以获得一处栖息之地，如同钟摆在动荡起伏之中，也能够回到平衡的中心点。"在先生的鼓励之下，我的情绪渐渐平稳下来，先生的话让我明白：遇到任何事，在经历感受的真实之后，都应以最快的速度，回到平衡的中心点，我们要的不过是一个人文的环境，一份精神的舒适和愉悦。如此，我纠结的心，渐渐开阔如平川，一片明媚。

在山村小学任教的那两年，在先生的关怀与指导下，我出色地完成了韶关市名班主任培训期间的各项任务，并写下了十几万字的教育日记，成为2016年教师节韶关电视台《道德讲堂总堂》节目中接受专访的"感动教师"之一，同时被列为"广东省名班主任培养对象"。

先生春天般的温暖，遍布韶关市中小学的每个角落。他常常下到一线，跟老师们一块儿面对教育的种种状况，出谋划策，深得老师们的爱戴，也正因为如此，先生对许许多多普通一线教师了解甚深。有一次在"韶关市名班主任工作室"挂牌仪式会上，他对来参会的教师逐一介绍，每位教师的辛勤与优点，乃至教育研究方向，他如数家珍，满口称赞，一脸欣慰。我惊讶，那么多的老师他怎么能记得如此清楚，如果不是发自内心的热爱与投入，如何做得到？曾听说过这么一句话：好孩子是夸赞出来的。我想，夸赞教师，成全教师，是先生一直在做的事。

先生是个"自燃型"的人。前阵子读稻盛和夫的书，他在《干法》中说，人可以分为三种：第一种是点火就着的"可燃型"人，第二种是点火也烧不起来的"不燃型"人，第三种是自己就能熊熊燃烧的"自燃型"人。读到这里，我一下子想到了先生，想到他为了当地教育的发展，为了教师的成长，不辞辛劳多次向上级请命，构建形式多样的培训平台；想到他那蓬勃发展的名班主任培训正掀起南雄市教育研究的热潮；想到那一场场大型教育峰会、教学观摩研讨会……

当下物质化的现实冲击着人们的心灵，甘愿清贫而默默奉献的人越来越稀少，而已经五十多岁的先生似乎丝毫没有受到世俗的干扰。几十年来，清贫的工作并没有挫败他身上的那股锐气，他反倒干得越发起劲，不仅影响着众人，也成就了不平凡的自己！一个"自燃型"的人，是自由的，凭着燃烧的暖，足以迈过人生里的诸多坎坷，无碍于左右；他是自己的王，纵横驰骋于自己的精神国度，熊熊燃烧，无问西东。

一个心怀信仰的人，工作是幸福的；一个"自燃型"的人，"燃烧"是幸福的，因为他的"自燃"，使靠近他的每个人都被"点燃"，于是每个空间都充满温度。老师们跟他一起工作，一定是忙的、累的，但也一定是幸运的、幸福的！一个终生都不曾"燃烧"的人，是遗憾的。能够被"点燃"，就是一种幸运；"燃烧"着，就是一种幸福。我相信，每个人在每个阶段的回首，一定会发现历练中的自己在迅速地成长。

"四处讲学分享、奋笔耕耘出书"是先生这辈子不懈的追求。他热爱阅读，博览群书，话语之间引经据典，生动广博。他的文字和人一样，充满了亲和力，读起来，总让人掀起阵阵思考。他勉励老师们以一种深读的心态，静下心来，在经典的阅读中思考自我，坚守初心。他特别推荐老师们读专业书，他认为理论需读，叙事更需读，唯有这样，心才会宁静下来。唯有内心宁静，方可自由驰走在教育的领土之上！

直到今天，每每想起先生，我都不由暗自赞叹：只有精神足够富有的人，才有能力如此慷慨地去欣赏，去呵护，去给予；也只有真正内蕴深厚、心怀慈悲的教育行者，才懂得这样关切人性，以平等之爱去尊重，去唤醒，去成全……无论师生还是友人，能够遇见他，确是人生造化。

## 紧随您，让爱深入千家万户

先生是一位教育者，也是一名共产党员。

2018 年，南雄市宣传部针对社会存在的种种现象，组织开展新时代文明实践中心百姓宣讲活动，在各行各业挑选合适的人承担宣讲任务。组建的宣讲队伍共有几十支，由地方百姓根据需求进行点单，政府再根据点单派老师前往上课。已临近退休年龄的先生，主动承担了家庭教育和党的十九届五中、六中全会精神及党史学习宣讲工作，并任领队。从此，他肩上的担子更重了，工作从教育系统扩展到了千家万户！

"你无法延长生命的长度，却可以把握它的宽度；你无法预知生命的外延，却可以丰富它的内涵。"用法国文学家托马斯·布朗这句话形容先生再合适不过！先生早已经是响当当的大人物，按理，临近退休，该安心颐养天年，先生却承担起了宣讲、领队的重任，这一边埋头学习党史，深入群众，把党的春风吹入千家万户；另一边，则带领家庭教育宣讲队伍，进行深入研究。实际上，多数教师的家庭教育工作都侧重于家校共育，或者停留在自我的亲子教育经验，许多教师要从校园走进社区，从熟悉的学生或学生家长走向陌生的各方百姓群众，在人生经历上难免浅薄而苍白，缺乏一定的社会见识与人性洞察力，也就难以根据不同状况精准地做出引导。先生说："在实践中学习，是我们当下迫切需要做的事，宣讲工作是志愿者的公益劳动，更是提升自我的挑战工作！每个人，只有进行内心改造，投身于积极而深刻的精神活动，才能获得对生命的真实认识。"

先生多次组织我们集中培训，打造更适合群众的课堂，关键策略是以群众心声聚焦为前提，把握亲子间的核心问题所在，在智慧选择的基础上，斟酌取舍，进行科学合理的整合，所有的策略都指向效率。为此，先生提出，接到宣讲任务时，不妨提前到该村委会，以拉家常的形式了解群众心声。这样既可以拉近与群众的距离，又可以有的放矢地调整课堂，力争每位老师宣讲后都能成为群众的家庭教育指导师，为百姓释难解惑，开启家庭教育的"明堂"之窗。

凭着精深的专业知识以及对工作的满腔热爱，很快，先生率先成为南雄市新时代文明实践中心百姓宣讲志愿服务队中最红最火的一名宣讲员。无论深入哪村哪社，无论面临怎样的情况，先生始终秉持使命，传递着质朴、单纯、无我、谦逊的品格，从不装饰或者夸耀自己，他给予群众很多教导，以不同的状态和方式，没有特意说法，但处处都展示教法。从他身上散发出来的那种深度、力量、平静和爱，让群众的心迅速打开，群众欣然接纳、喜欢上了先生的课。一节课下来，被群众问得最多的是："吴老师，您下次来我们村讲课是什么时候呢？我好提前预留时间，不能错过了！"

演绎一堂课检验的是教师的创造力。先生面对不同学情对象，能走出知识本位的狭隘，心中有教材，眼里有学生，针对老百姓的群众课堂，从百姓身边事取材，采用最贴近百姓的地方语言，生动活泼，娓娓道来。普通的宣讲员，一个月往往被百姓点单不会超过五节，先生却常常是十几二十节。文明实践中心的宣讲课，只是先生业余的兼职，实在忙不过来，他只好请示上级，由他培训几名老师代替宣讲，百姓却不依，一副认准了吴老师的样子，情急之下，南雄市宣传部录制精品课堂，推出了网课。于是，在"南雄宣传"网站上，百姓终于可以随时随地听先生的课。目前，先生的家教网课——《陪伴是最好的家庭教育》《父母是孩子最好的榜样》《适时放手是最好的父母之爱》《孩子越付出越珍惜越懂爱》等，已经形成了特色品牌，深受百姓喜爱！

教师的成长需要精神引领，更需要良好的文化氛围，正所谓"蓬生麻中，不扶而直。白沙在涅，与之俱黑"。我们家庭教育志愿服务队所有宣讲老师在先生的带领下，对家庭教育进行了深入研究，对自己的课进行了反复打磨。因为常年任教、居住于农村，在与百姓沟通过程中，我深切地认识到老百姓对亲子教育方面知识的缺乏。对于孩子的不良行为，大部分家长都采用训诫责骂的方式，家长的教育理念迫切需要正确引领，于是我把"做一名懂孩子的家长"定为宣讲主题。为了讲好这堂课，我多次向先生请教，他不仅给予我方法上的指引，还推荐我阅读美国阿黛尔·法伯和伊莱恩·玛兹丽施合著的《如何说　孩子才会听　怎么听　孩子才肯说》、美国塔玛·琼斯基的《让孩子远离焦虑》等一系列有关家庭教育的书籍。先生说："边教边学终身事，不向光阴惰寸功。唯其如此，才能适应时代要求。"在先生的指引下，我的宣讲也走进了千家万户。

2021年，"双减"政策出台，校外教培相继消失，家庭教育被推到了空前重要的地位，而教育意识薄弱的农村，如一滩洼地，更急需亲子教育方法的引领。先生常常叮嘱我们要肩负起重任，不要怕辛苦，一定要勤学习，常反思，突破职业发展的瓶颈，去帮助更多的人。先生的叮嘱，让我深感责任沉重，能力不足！为了系统地掌握相关宣讲理念理论，2021年9月，我果断地申报了广东省家庭教育研究会在线上举办的一个培训班，利用周末时间，把《立德树人、成长导向，源头家教——新时代家庭教育》等相关课程系统地学完了，并拿到广东省家庭教育研究会颁发的"广东省家庭教育指导师"证书。从此，面对宣讲任务，我从容不迫；面对家长的课后咨询，我也能提供相宜的策略指引。

跟随着先生的步伐，朝着梦的方向，我们默默前行，步伐铿锵有力。2021年，我们家庭教育志愿服务队脱颖而出，被评为"南雄市优秀宣讲队伍"，先生被评为"韶关市优秀百姓宣讲员""南雄市十佳百姓宣讲员"，我们队绝大部分老师也被评为"南雄市优秀百姓宣讲员"。

董卿说："世间一切都是遇见。冷遇见暖有了雨，春遇见冬有了岁月，天遇见地有了永恒，人遇见人有了生命。"而我遇见了先生，就如遇见了梦想，遇见了春天，从此眼前尽是一片花开的灿烂与美好！

# 下辈子，我还做老师

乡下的夜晚是宁静的，橘色灯光照耀下的校园静谧、安宁，宛若一幅最自然的水墨丹青！我喜欢安坐在这样的夜里，任思绪活跃如班里那群最欢快的孩童……

任教二十年了，我一直是个独自陶醉的人。当别人谈论着教师的种种不是时，我，沉默无语，不愿争辩，心底却独有自己的一番感受！我说："下辈子，我还做老师！"有些人认为这是虚伪的掩饰，可我知道自己想要什么，知道自己的幸福是什么。我一点一点地付出，一点一点地收获属于自己的幸福，默默地向着心中那个美好的远方坚定地前行……

孩子们总说："李老师，您太不一样了，我们都觉得您不像老师！"看着孩子们天真烂漫的笑脸，我笑了。也许在孩子们心目中，老师是严厉不可亲近的。而我的班里，没有哪个孩子怕我，都只一味地喜欢我。喜欢上我的课，喜欢我教的学科，喜欢下课后黏着我诉说他们的故事，喜欢他们的游戏中有我的身影。

每当太阳如约高挂，阳光如金子般铺满广场，便到了我们的大课间。那是孩子们最开心的时候，因为这时我们将角色互换，他们是老师，我是学生。孩子们总有五花八门的游戏等着要教我玩，什么"写大字""抓人""三过河"等等，而我永远都是那个最"愚笨"的学生，他们要费好大功夫才能把我教会，然后乐颠乐颠的，玩得特别起劲。这时，我常常会立刻把游戏过程叙写下来，让孩子们的欢声笑语，像鱼儿一样穿梭在我的文字里。孩子们每次听到自己的名字出现在我的文章里，便异常自豪，一双双晶亮的眼睛闪动着兴奋的光芒。末了，他们总也不甘示弱地发起挑战，要跟我比个高低，趁着这个时候，我悄悄地告诉他们："要比过老师，你们得注意……"就这样不知不觉中，孩子们走进了写作。不用多久，孩子们就会成群结队，小精灵般牵手联袂，穿过长长的走廊，溜进我的办公室，展示自己的文采，或是向我讨教各种各样天真而又古怪的问题……

"学校是个让人快乐的地方！"虽然不记得是哪位教育家说过这么一句话，但是每接手一帮孩子，我总要告诉他们这句话！我从不喜欢让孩子们坐得端端正正、循规蹈矩地听课、做笔记，反而时常会抓住课文情节，将其演变成剧本，点燃孩子们的表演欲望，上着上着，不知不觉理论课演变成一堂游戏课。三年级语文上册有篇课文《赵州桥》，这是一篇说明文，在我的课堂预设中，并没有表演的戏份。当读到"桥面两侧有石栏，栏板上雕刻着精美的图案，有的……有的……还有的……"栏板中各种石龙的姿态如一幅活图般植入孩子的心中，我还没来得及点拨，孩子们的表演欲望便爆发了！他们纷纷要求："老师，我要表演互相缠绕的龙……""老师，我要表演飞龙前爪相互抵着，各自回首遥望……""老师，我要……"于是，我答应了，同桌的两个同学分别选择一组自己喜欢的龙的姿态进行两分钟表演，表演出色者上讲台再次表演。这一下，课堂可热闹了，他们不仅嘴上喃喃着研读课文对龙的姿态的描述，还比手画脚研究如何表演。很快，三对表演得惟妙惟肖的孩子被我请上了讲台。精彩的表演获得了一阵阵掌声，当他们定格成龙时，为了完成课文背诵此段的教学任务，我让全班同学看着他们的模样，尝试着把课文内容背诵下来，没有想到，几乎所有的孩子都顺利地背下来了！于是我趁热打铁，继续向他们抛出下一个教学任务——想象，问："栏板上的龙，只有书上讲的这三种姿态吗？你认为还有些什么姿态呢？请一、二组的同学想象一种你们最喜欢的姿态表演，三、四组的同学观察。"课堂再次一片欢腾，二十多种姿态被孩子们表演得淋漓尽致，被观察的同学描述得活灵活现……"此时，我们课室里有四十六条龙……"我刚开口，有孩子激动地站起来反对："老师，不是课室是龙宫，不是四十六条，是四十七条龙，老师您是龙王……""说得太好了，那这些龙的姿态都被刻在哪了？"我连忙表扬并把话题转回课文主题说道，"我们都是赵州桥栏板上的活龙……"

听着孩子们一句句出乎意料的话语，我忽然想起一句话：有时课堂的精彩在预设之外！没错，每次课堂被孩子们演绎成一场游戏，我被孩子们变成游戏里的主角，那一刻的陶醉，是醉在一种缥缈的神往里，宛若朝阳下那一片最绚丽的彩霞……

谁能说这不是幸福呢？如果真有轮回，下辈子，我还做老师！

# 我的魂生子女

春夜下的乡村，是个奇妙的音乐厅。清亮的蛙声携着百虫齐鸣，细细碎碎、高高低低透过窗户潺潺传入小屋，伴随着文字一块儿行走！白天孩子们那一串串宛若万千银铃转动的笑声，渐渐融入这自然的天籁里……

这是个万物皆兴的季节，病菌也趁机横生。近来，班里一个又一个孩子感冒了，我跟往常一样，把他们叫到办公室，递水、探热、咨询，然后或送至医院，或通知家长来接。没想到，有一天，我也喉咙疼痛，几乎说不出话来。一早来到课室，凭借着那份与孩子们日益生成的默契，我用微笑、手势跟他们交流。孩子们最懂我，立即翻开了作业，"沙沙沙"，教室里只有写字的声音。看着他们时而书写时而沉思的模样，我心里既满足又宁静！

这天下午，我照例来到办公室，忽然发现办公桌上放着几瓶牛奶、几袋面包，还有一盒润喉糖，下面压着几张小纸条："老师，您生病了，您要注意自己的身体！我给您买了瓶牛奶，可一定要喝哦！""老师，您辛苦了，请您好好休息吧。我送您一盒润喉糖。"……忽然，我的眼光停留在一张精致的信纸上，上面写着首小诗《老师的微笑》："老师，您的微笑/是一杯清茶/润泽我们的心灵/老师，您的微笑/是一朵花儿/绽放在我们心中/老师，您的微笑/是一盏灯/点亮了我们前进的路……"读着这些暖心的话儿，一种为师独有的幸福久久萦绕心头……

忍不住再次阅读，我突然发现所有的纸条，均没有署名，而是被"您的小伙伴""您的小精灵""您的小苗苗"等词语代替了。心一喜，想起了平日里我在课堂中极少喊他们"同学们"，而是喜欢随着课文或故事里出现的称谓不断改变对他们的称呼，如学了课文《好伙伴》，孩子们便成了我的小伙伴……孩子们似乎也更喜欢这些贴心的词儿，只是没有想到，这些不经意的言语，也成了他们效仿我的对象——我们都在用独有的语言，传递着爱。我掂着这份爱，来到班中询问都是谁啊，没有孩子站起来告诉我究竟是谁，他们一双双晶亮的眼睛闪烁着神秘的光彩，课室里只有银铃般的笑声此起彼伏……

一直喜欢周国平先生说过的一句话：人生最好的境界是丰富的安静。乡村生活缺乏都市的纷繁，孩子的心灵如窗外的田野，尽是绿茵茵一片。我在这片绿意中生活久了，习惯了，再也离不开了，干脆往这片绿里，绣上星星点点的五色小花，让每一个小生命都沾上知识的色彩。我喜欢读书吟诗，喜欢涂鸦写文，并且恣意地坚信：读诗是美化心灵的最好方式，写文则是学好语文的关键所在。于是，语文课上我常常引领着孩子们穿越课文，与小诗同伴，跟故事为伍，在游戏中迈步，在表达中成长……每次看着自己生命的色彩在孩子们身上得以延展，那种幸福一如春天在花香中骄矜地扩展着她的地盘！

柏拉图曾将人类的生育繁衍分为两类：一类叫作"身体生育"，一类叫作"灵魂生育"。在他看来，人与"睿哲""美德"结合所生育出的"灵魂分娩物"，对于他的生命而言是更为紧切的。所以这两类生育，他更看重的是后者。我想，身为教师的我，不正拥有着自己众多的"魂生子女"吗？

我的魂生子女，对我的爱不亚于我的生身儿子。儿子长期生活在一百多公里外的城市里，极少打电话诉说想念，然而若哪天我因什么事儿没来上课，准能接到魂生子女的来电询问。当我返校踏入校园，他们远远地看见我，便会大声呼喊："老师回来了，老师回来了！"在一片呼喊声里，孩子们立即停止玩耍，迅速地围奔过来，争先恐后地诉说着对我的思念，诉说着班里新发生的事儿……

魂生子女习惯了每天看见我微笑，偶尔见我收起了笑容，也总喜欢通过一张张小纸条探求谜底般问长问短。魂生子女尤其怕我累着了，也不知是哪个细心的孩子，经过了一番怎样的调查，有一日，他们忽然围着我七嘴八舌地说：

"老师，您太辛苦，天天给我们上课，还要改那么多作业。"

"老师，您还要备课！"

"老师还每天坚持写日记呢！"

…………

"老师，以后我们的工作一定会做得更好，让您少操心！"长得小小个的班长徐小慧，却如孩群中的大姐般，一本正经地望着我说道。我相信她的话，小慧已经是一个非常了不起的班长了，早读、卫生、节日活动等班里的大小事务，都是她在领着操办；偶尔有同学出现了状况，孩子们也习惯先向她汇报，实在解决不了她再告诉我。我已特别庆幸能拥有她这个小助手，可她却依然觉得做得还不够好！在她的带动下，不但班干部们的工作做得越来越细，每个孩子也力争做好自己，偶尔有谁没有做好，便立即有孩子主动申请去帮助他……

我的魂生子女，不管你们明天是否还记得今日的深情，都别忘了我们共同读过的一句话："无论你们将来为官为民，身后都有一双寄望的眼睛，愿你们向善而行、向上而行、向美而行；无论你们置身海角天涯，为师都祝你们身携一个行走的母校，无惧，亦无忧。"

# 梦在远方

我无法预知我生命的长度，但我要在我热爱的三尺讲台上绽放出教育梦想者的荣光，增加生命的宽度。

——题记

## 杏坛初上路

1996 年，我还是一个安静的女孩儿。我无法像小鸟那样欢腾雀跃，也不像泉水那般叮咚轻盈，所有的只是一份文弱和木讷。初入杏坛的我，来不及琢磨孩子们的眼神里究竟闪烁着些什么，就这样匆匆地成为孩群中的"大王"——班主任。

那是一所规模极小的学校，依山傍水，十来间课室把山脚下的一块几百平方米的平地围成了一个院子，这就是校园了。步入教室，寥寥的几张课桌间，十几个小精灵如鱼儿一般穿梭着嬉戏玩耍。见着我，不知道是谁大喊了一声"老师来了"，哗啦啦，转眼便都回到了自己的座位上！

这是一个共有 16 名孩子的二年级班级。因为刚刚奔跑追逐过，孩子们脸上、身上均被泥土染上了各式花纹，唯一清澈的是那双晶莹透亮的眼睛，他们眨巴着滴溜溜的双眼，看着眼前姐姐般的老师。面对着孩子们的"花脸"与"清澈"，我忽然变得忐忑起来，我想狠狠地批评他们为什么全成小花脸了，又想了解他们见着我这个新老师后有什么想法。一时半会，居然不知道从哪说起。我担心话说狠了，伤害到孩子们脆弱的心灵；又担心不小心说错了哪句话，影响了将来为师的威望。读师范时所有的为师梦境，没想到就在亲临的那一瞬间，被一种叫作"忐忑"的心情击退了！

或许学校早有安排，又或许是搭班徐老师早有所意料，在我尴尬的那一瞬间，徐老师出现了！她只说了简短的几句话，孩子们便统统乖乖"臣服"，迅速进入数学课堂学习中。

很快，从身旁老师口中得知，在村小教书不需要太多的规矩，只需把课文知识讲给孩子们听，让他们记牢，考试成绩好就什么都好了！原来做老师如此简单！我渐渐认为教书真的如阿拉伯数字般简单。大量的时间，被我交付于读书、写字，随着性子读书，也随着性子写点心情小故事，无论孩子们怎么走，也走不进我笔下的小故事里！

## 成长，从爱开始

如果说山村的任教生涯告诉我教育是知识的简单传递，那么调离山村后，率先闯入我心间的则是：教育是尊重成长中的每一个生命，让孩子如春天的花儿般灿烂自由地盛开！

2006 年，我离开山村小学，来到镇里的一所中心小学任教。这是一所有一千多名学生的小学，是一所教坛新秀云集的小学！站在讲桌旁，台下黑压压的一片，学生一直坐到了课室后墙壁边！霎时，一种沉甸甸的感觉涌入心头，我知道那感觉叫作"责任"！我再不敢散漫，可形形色色的状况还是发生了！面对着工作一次次遭遇困境、苦恼，我才发现原来教育是一门深邃无底的学问，需要我们投入的是一辈子！我开始重新审视教育，反思一浪逐一浪，思想的碎片散落一地……

彬，一直让我头疼，常爱打架，作业始终交不上来，每次都说文具不见了。我曾电话告知过家长，让其备好文具，可从家长口中得知，文具是备齐的，只是彬几乎是一天丢一样，哪有那么多让他丢啊！骂也骂了，打也打了，还是一个样，实在是没法了，只好任他去了。

一日，彬又嚷嚷着没笔，这时讲桌中正好放着支笔，我走到他身边，把笔递过去说："老师的笔，你暂时用着。"

正逢寒冷季节，呼啸的北风处处留下它冷酷的脚印！在彬那稚嫩的脸上，布满了风刮后深深浅浅如针扎过般的印记，嘴唇四周异常刺眼地围上了一个干裂而鲜红的圈子。"疼吗？"看着这一脸北风留下的印记，我心疼地问道。

"别用舌头舔嘴唇，北风一吹便会唇裂的。下课后到老师家里来，我帮你擦擦药。"我摸了摸他的红圈子说。可彬坚持说家里有，自己回去会擦。

第二天一早，我照常下到班里，巡视孩子们的到校情况。我的目光再次落在彬身上，发现他紧紧拉着衣领角，把嘴严严实实地遮住了。

"还疼吗？擦药了吧！"我走了过去，掀开他的衣领看了看。

"擦过了！老师，这是你的笔！"他把笔递过来。我已经不记得这支笔了，彬不是老掉笔吗？于是我笑着对他说："这支笔，就托彬帮老师保管了！你没笔用时，可拿来用。"

好长一段时间，没再听到彬因没有笔而不写作业！后来得知，老师要帮擦药还让他保管笔，在他的心里，老师这是多么信任自己多么爱自己呀！怎么能总是让老师失望呢？

没想到，一个简单的动作，一句普通的话语，在孩子心中居然荡起如此美丽的涟漪！从那以后，我开始了有一段没一段地叙写我与孩子们之间有关爱的点滴小故事。

## 在恐慌中蝶变

一直只喜欢陪着孩子们，默默地行走在成长路上，静谧而无为的我，总以为，自己早已静默成一棵不起眼的小树，不足以引起任何人的关注。一则广东省名班主任培养通知，忽然从天而降，心，除了欣喜外，更多的是意外与恐慌！这是一次蝶变的机会，我该以怎样的姿态迎接这飞翔的旅程？

随着培训的开始，一个个睿智而充满爱心的老师走进了我的视野，贾高见老师的"活动体验型主题班会"、钟杰老师的"智慧管理班级"、王剑平老师的"小视频，大教育"等，他们对教育独到的践行，他们无私的奉献，让我想起导师李季教授的一句话："一个好老师，可以影响孩子的一生！"我的心陷入了空前的恐慌，作为一名班主任，回首十来年教学生涯，究竟有哪节课、哪件事给孩子留下了恒久的影响？我离"好"字，距离还有多远？

培训中，导师李季教授的引领，是我教育人生的一个转角。李教授提出的"紫色奶牛"扬长新木桶原理，让我找到了成长的方向。一个个故事走进了我的班会课堂：感恩教育课里，《母爱如溪：没有上锁的门》《一碗牛肉面》浓情满满地浸润着孩子们的心；励志课上，《十字架的故事》成了对他们心灵最好的激励……慢慢行走在教育旅途中，当我收获欣喜时，当我教育遇阻时，当我陷入人生困境时，我总不忘让这所有的经历与情怀，抖落成片片文字，偶尔会通过邮箱发给李教授，他或点评或赞赏或支招或激励，总在三言两语间拨开遮蔽我双眼的重重浓雾。是的，"一个好老师，可以影响孩子的一生"！我时刻铭记导师的这句话。苏霍姆林斯基、魏书生、李镇西等教育家的书籍渐渐被我请回了家，阅读与思考，教书与写作，观察与反思，俨然交织在一起，成为我追求人生真谛的唯一途径。

随着阅读广度的扩大，我的思想厚度也渐渐远离单薄，我底气十足地面对着孩子们，课堂中的一声诵读、一个手势、一缕目光、一丝微笑，在这有声与无声的穿插中，交织出我与孩子们共同的梦想！

梦在远方，我在路上。

# 孩子是天生的诗人

爱因斯坦说："想象力比知识更重要。"而好诗，则是想象力最得意的孩子。近年来，广东省教育厅等机构举办的诗歌节，掀起了校园读诗、写诗的热潮。作为一名小学语文教师，一名正在进行诗教实验的研究者，我欣喜地加入了这股热潮，把诗歌带入了我的课堂。在与孩子们一起读诗、写诗的过程中，我心底开出了几朵芬芳的小花。

一

孩子是天生的诗人，他们的诗歌灵性来自泉水的叮咚鸣乐、花儿的睡眼轻揉、飞鸟的曼妙歌舞……每一点都足以触动孩子的诗样情怀，这情怀宛如人间四月天——美丽漫天飞舞。

记得第一次上诗歌课，我发现孩子们的神情跟往日不一样，都透出一个疑问：看看老师怎样教我们写诗。我汲取中山诗教名师叶才生的课堂精彩瞬间，从一只茶杯谈起，我端起茶杯问："这是一杯什么？"

"一个空杯子啊！"孩子们异口同声地回答。

"不，这里装得满满的。"

孩子们迟疑了会，说："一杯空气。""一杯喜悦。"……随着小手纷纷举起，孩子们思路开始开阔了。

"如果在医院，对病人而言呢？"

"这是一杯希望。""这是一杯伤心。""这是一杯鼓励。"……

各种各样的想象顿时充满课堂，忽然有个孩子激动地跑上讲台大声说："老师，老师，现在'这是一杯争论'。"……只是如蜻蜓点水般这么轻轻一点，水面已漪涟成片！孩子的想象，一触即发。

带着这样的想象，接下来的几周里，我引领孩子们从课室走到校园、走到郊外、走入生活，去发现校园的美，发现大自然的美。校园中，看见绿茵茵的草坪，有孩子脱口而出："校园草坪是一部大钢琴/我们是一个个琴键/下课铃是钢琴手/一按/便奏出最动人的乐曲……"

二

"只读不写，眼高手低；只写不读，眼低手也低。"这些话形象地说出了读诗与写诗的关系，明确了读诗在整个诗歌教学中的重要地位。当孩子们想象之窗处于打开状态时，接下来的工作则是引导孩子阅读诗歌。

读诗，是心灵的美化，是语言的提炼，能促进感悟的内化与升华。孔子说："不学诗，无以言。"要读诗，首当读好诗。冰心、金波、王宜振、泰戈尔等著名诗人的儿童诗陆续走进了我的课堂。根据《义务教育语文课程标准》阅读的基本要求："阅读需注重情感的体验。"我特意设计出"整体感知—品味重点词句—感情朗读"这一条品味主线，让学生自主地读、声情并茂地读，读出个性，读出联想，最后进入意境。在读诗过程中把自己融入文本，模仿与创新便开始了，孩子们写诗便水到渠成。

母亲节前夕，一个留守孩子读了冰心的《纸船》后，写下了《纸菠萝》：我从不肯丢弃每一张纸/总是留着，留着/把它们/垒成一个个小小的纸菠萝/藏在课桌的抽屉里//有时被同学羡慕，会悄悄地"偷"去/有时被老师发现，竟被毫不留情地"缴走"/……但我仍不断地垒着/盼望着它们能给妈妈带来快乐//妈妈！倘若您从远方回来时看到纸菠萝/千万别去伤害它/这是儿子悄悄地，悄悄地为您垒的/千辛万苦，只求它能让您知道：我爱您！

孩子写这首诗时，校园正流行折纸玩。因为折纸，班里起了好几次风波，却没想到这风波里的纸菠萝竟然蕴含着如此深情！纸菠萝哪里只是精美可爱的装饰？那分明是对母亲的思念与爱恋！这些诗句，带给我的不只是感动，更多的是深深的思索。

金波说过："写诗一定要有感而发，写出自己细腻的观察、深深的感动和奇妙的幻想。"儿童诗贵在情真，贵在心思细密。类似《纸菠萝》那样饱含深情的小诗，像露珠一样澄澈晶莹，像钻石一样闪烁。孩子们总是用他们最自然的状态来体验、感受这个世界。诗歌，就是他们最好的一种表达方式。

## 三

诗歌虽是最美的语言，但同时也是最被冷落的文学体裁。多类考试要求中出现"文体不限，诗歌除外"字样，注定诗歌是校园"弃娃"。诗歌节的推出就是想通过一个合适的方式，重新让诗歌以全新的面孔进入我们平时的教学实践。这活动，如最初的那缕春风，强大而温馨，所到之处，诗香飘曳。

记得那年诗宴盛况，诗歌节临近截稿，全省乃自全国，读诗、写诗的热情不断高涨，几万首童趣盎然的小诗出现在诗歌节比赛。我的课堂也在不断地深入，孩子们不再只是根据老师给出的题目联想，越来越多的孩子转向对自己感兴趣的方面，把家比作闹钟、比作月盘、比作床，把课室比作池塘。有的孩子则将事物拟人化，如叶璐同学的《雨》："转眼间/大地湿漉漉的/这么热的天/是谁在哭泣呢/原来是风弟弟在嘲笑雨姐姐没力气/……"就这样，有的孩子结合自己的想象对诗歌进行仿写，有的则直接按自己的方式表达。一名进入诗歌总决赛的孩子在《梦》中写道："梦像一只小鸟/在枝头上歌唱／想捉住它/它已经飞走了∥梦像一道彩虹/在天空里微笑/ 想留下它 / 它已经消失了∥梦是神奇的/在梦里/我走进了童话世界 /梦是美妙的 /在梦中 /我变成了快乐的天使。"

多么有意思的语言呀！多么美丽的想象呀！谁说孩子不是天生的诗人呢！

# 像梅花那般静静地开

　　我一直是个深居简出、藏身于文字背后独自欢笑的女子，在这个春节，应了妹妹的召唤，跋山涉水远离小家，来到长沙这座陌生的城市。妹妹说："到处走走吧，橘子洲是个迷人的小岛。"

　　登上橘子洲，穿过热闹熙攘的庙会，观光车渐渐进入了小岛的深处。小岛绿树成荫，碧湖似镜，我们匆匆而过。忽然，一片殷红，染亮了眼眸，我急忙下车，才发现这里方圆几十里都种满了梅树，时下梅花正欣然绽放。静静地，站在树下远望，所见皆是红彤彤一大片，其间夹裹着几缕白。忍不住低眉细看，红梅浓烈奔放，白梅清新雅洁，一朵朵，一束束，密密层层地在风里摇曳着，在阳光下流光溢彩。要说梅花傲然清冽，似沾上了公主的气焰，无拘无束地绽放；可梅花，却又羞涩静默，在那严寒季节，独自悄悄绽放，从不屑与群芳争妍，只身凌霜斗雪，默默张扬着岁月深处绵延而来的坚毅……

　　置身于这样的梅林，不由得出神，仿佛自己早已幻化为梅精灵，腾跃而过，穿越梅花的缤纷，与一个个如梅般女子的灵魂应和。

　　白落梅，一个落尽繁华却依旧灿烂如初的女子；一个以禅意写红尘，以佛法道人生的隐世才女！她总是默默地深居在读者无法找寻的角落，执笔静看花开花落。生于山东居于桂林的"梅寒"老师，笔尖轻轻一落，文字如同粘上了爱的味儿，让你沉醉！每个如梅的女子，均似乎着了梅的魂，不爱繁华不爱热烈，只倚靠着文字的滋养，丰盈着每一个如水的日子，静静地开出朵朵轻灵花。一朵花就是一段人生，一个字就是一个世界。我欣喜，此行程里有了梅花的相迎，我更庆幸，人生途中有如梅般女子的相陪，行走在路上，我不再寂寞孤独。

　　都说，有一种美，无心炫耀，却光彩夺目、惊世骇俗；有一种美，不事张扬，却似磁石紧紧把人心吸引！无论是人海里与如梅女子的相逢，还是橘子洲与梅花的不期而遇，都使我受宠若惊！驻足梅园，我再难把脚步往前迈。

"躺下来静静观赏吧！"有人说。

"这是个不错的提议！"我热烈响应。

躺下、闭眼、冥想，然后再度睁眼，梅花此刻以另一番姿态呈现于眼前：朵朵清新粲然，束束笑颜尽展，千姿百态，千娇百媚！这哪里是梅花，分明是一幅活色生香的粉黛长卷，恣意铺展于蓝天白云之下。清风阵阵，冬日柔光点点，几根低垂的梅枝，似在诉说着风里雪里花开的故事。我的心忽而热了，每一朵花开的背后，都笑迎了多少风霜的侵袭，才换来今日的璀璨娇容。

忽然想起"梅寒"老师的一句话："在这个世界上，每一个人都有一个最好的自我，那个最好的自我，她就在那里，在尘世的深处，淡定，从容，含笑等你，等你一点一点，努力向她靠近。你去找她，任何人任何事，都不可以成为阻挡你的理由。"

原来梅开如此，如梅女子也如此！

# 与乡野对望

乡野秋色渐浓，丝丝凉意越过阳台进屋来。

站在学校宿舍阳台上，看着窗外四季不断更替，我已经记不清多少回，如此静默地与乡野对望，为季节的妖娆迷醉！这里有我喜欢的野花、小草、庄稼、小村落，还有远处那袅袅炊烟、低矮连绵的群山，上学放学三两结伴行走的孩子，衬着那瓦蓝瓦蓝的天空。每次对望，心，便有着别样的平静与安详。

最近，命运似乎有意考验我，一件件让我惊恐慌乱的事情接连发生，把我抛入空前的无助与挣扎里。心，除了感到痛楚，再也无法体会人生之别味，乡野带来的平静与安详，也渐行渐远。

这些日子，再次与乡野对望，却是另一番滋味在心头。

秋色已经覆盖整个乡野，充满生机的绿色也褪去原有的冲劲。每一片土地都裸露着、静默无语，一块块被刨松的土壤在阳光下散发着浓郁的泥香，朴素却韵味十足！我知道，他正在静静地倾听我心里的诉说，感知我泪迹满满的心境和心灵深处一再深掩却无法藏住的脆弱！只有在他面前，我是真实的自我！秋风阵阵，泥香环绕，我想起了儿子的大伯。大伯是天下最朴实的乡下汉子，不算高的个儿，微微发胖，他的肤色跟眼下这裸露的土地一般；他的言语，就如泥香，闻着无华却句句实在。我从不敢想象会有这么一天，在我心里，大伯会跟"伟岸"这词相连。当经历一件件让我恐惧得无从适应的事情时，是大伯悄然无声地走在我的面前，像位无所不能的大哥，又像慈爱满怀的父亲，博大、无私地接下我心中的困扰，陪我跨过一个又一个深邃无边的鸿沟，让我重新回到自己本来的生活轨道。

秋阳下的乡野，条条细长弯曲的田间小道，那些安然开放的小花，正绽开着平和宁静的容颜，静静地在秋风里摇曳！一朵一朵，各有各的色彩，各有各的姿态，轻盈散落，如天穹飘落的降落伞。我喜欢这些寂然开放的花朵儿，无扰、无争、无私。朗秋暖日下，渐枯的草丛里，它们犹如温暖而明丽的眼，清新地点染着大自然的生机。她们让我油然想起远方的老师、身边的亲友，如果说我近来是不幸的，可万幸的是拥有这么多温暖，是这些温暖在守候着我。每一份暖，都是苍穹下散落的最艳丽的一朵花儿，长夜青灯下，浓郁花香充溢小屋。回想自己这一路走来，留下一串深深浅浅的足迹，窗外四季更迭、荣枯变幻却波澜不惊，人生长途漫漫，荣辱不惊。

"芳树无人花自落，春山一路鸟空啼。"乡野间不时往来着几个村民，秋日里的村民，安闲、恬淡、坚定，从他们的神情中，读不出任何的沧桑悲凉。近处，池塘边一群雪白的鸭群正"嘎嘎嘎"地追逐嬉戏；远处，夕阳正靠着山、抚着村庄，与我对视，缓缓西下……山上的树木，山下的田野，田野边上的村庄，披上夕阳的梦纱，朦朦胧胧。一切都是那样安详宁和……

我还有什么理由悲观失落？

平和，执着，沉静，是一种恒久的美，也是为师者该有的美！对望乡野，我坚定地告诉自己！

# 最爱那抹窗台绿

春天，是一个滋生梦想的季节。那满树满树的翠绿，摇曳着春的心事，趁着你不留神的那瞬间便来了。

我喜欢春天，喜欢那蓬勃的绿，于是总想方设法将那片蓬勃搬入自己的小家，装扮着家，点缀着梦。这个春天，与往年不一样，只因那棵小树，那抹窗台绿，心，开始变得斑斓！

小树有个好听的名字，叫发财树，如手掌般的叶子朝上簇生，每一簇，宽大就如先生之手。它，是年前我的先生特地从花市买来送我的。先生说，他不能常常陪伴我，就将所有的心思通过风儿告诉我，小树每一次的舞动，都是他的低语。就这样，小树跟家中的其他花草相比，地位忽地尊贵起来。于是，我常常遨游于各网站，学习着养树之道；路过大街，看见哪间店铺门口的发财树长得好，便厚着脸皮向人讨教经验；甚至有意地去结交花农朋友。

原来小树怕冷、怕闷，还怕阴。了解到这些特点后，我急忙把它从客厅搬到卧室的窗台上。窗台很大，朝东，小树每天都能沐浴到清晨的第一缕阳光。小树搬家后，风儿似乎越发懂先生了，每天早起拉开窗帘的那一瞬，小树总会如约而舞：那细碎的哗哗声，是清晨最动听的乐曲；那轻柔的舞动，是世上最美的曼舞……

心，因为小树，早早地、迅速地被染欢了，一天的幸福就这样轻易地被点燃……

步入三月，大街上、山野里遍地都铺满了红的、黄的、紫的各色落叶，景色虽壮观，但很多树却因为新的枝叶来不及披盖枝头，光秃秃地指向天穹，让人徒感沧桑。我忽然庆幸自己的小树是常绿科，否则让我如何适应拉开窗帘后没了小树歌舞的冷清？

可没有想到，有一次，我因为工作有几日没能回家，之后一回家，我照例马上拿喷壶要给小树的叶子喷喷雾水。可当我走近小树时，意外地发现小树好几片叶子都变得焦黄了，甚至还有几片变黑而落在盆中。那一瞬，惊、慌、急齐撞心头，我乱了阵脚，不知道自己哪里疏忽了对小树的养护，缺水、缺肥，还是缺阳光？不对，我都一一按照花农的叮嘱去做了。忽然，我想起了花农的话："要注意给树保暖。"一定是这几天冷空气袭来，而我没能回来关好窗，小树被冷着了！我一边给小树剪去枯黄的叶子，一边自责起来。

病急乱投医！我的小树"生病"了，我得找到一个"救助"的办法，于是我立刻上网查找、心急火燎地四处打电话问懂花之人，那份焦急绝不比自己生病来得轻。花农朋友告诉我偶尔的落叶属于正常，只要不是新叶枯黄就不用慌。新叶？我慌忙地一片一片叶子查看，就担心哪片枯黄的叶子是新叶。还好！没有发现新叶枯黄，心里似乎有了一丁点安慰。可是，我再无法放心下来，无论工作多忙，每天都一定赶回来，虽然赶回来也不能为小树做点什么，更不能阻止叶子枯黄的步伐，但多看它几眼，心里就踏实些许。可是三月的天，常常说变就变，有时候早上还暖洋洋的，下午便冷飕飕地刮寒风，每次遇上这样的天气，我是最不安宁的，担心小树"病情"加重。因为中途不能回家为小树关窗避冷，我常常自言自语地说着抱歉的话，似乎小树真能被风儿拉近到我的面前，听见我的低语！

不知道是不是小树真有灵性，还是验证了花农换季更衣的说法，大约十来天后，小树终于不再落叶而开始冒出了毛茸茸的新芽，一点一簇地紧贴于母杆上，如羞答答的新娘般，在酝酿着一个个甜美的爱情故事。我一惊，一喜，立刻拨通了远方先生的电话，此时激动的我又一次成了先生口中的"带雨梨花"。

此后，窗台上满满都是小树春的娇美，我们如约相见于清晨，相聚于假日，相诉于闲日……

这个春，调皮着，应着那"三月的天，孩子的脸"，演绎着朝夏晚冬的乍暖还寒，因为小树，因为爱，我为春天的调皮买单，经历着担心，感受着牵挂……

# 浅笑慰流年

迈入中年，遇事付之于浅浅一笑，不争不辩，宠辱不惊。每天用心地珍惜眼前，不再奢求过眼云烟的绚丽，日子过得简单而温暖。

## 老师如书

"素瓷传静夜，芳气满闲轩。"这是陆士修的茶联，可我，总读出书的芳香。

喜欢买书，书柜、床头、沙发、车上，随处可见的地方都放着我的书。有时买回来，并不一定每本都会认真读，但只那么看着她们，那么随手翻翻，也芬芳阵阵，沁入心脾。

最近获得一套《中国人的生活美学》，这是校长传话让我到工会大厅领的，据说是市职工读书活动组所赠。典雅盒装，不愧为珍藏版。一套共四本，分别是《浮生六记》《闲情偶寄》《小窗幽记》《随园食单》。当得知这份厚礼并不是每位参与读书活动的作者均能获赠时，忽然有种被幸福点燃的馨暖，每次，我总是如此幸运。

是啊，无论是专业路上，还是文字路上，我总能幸运地逢上贵人老师，他们像一部部经典名著，始终站在远处，指引我前行的方向；他们又似乎陪在近处，帮助我跨过人生的一道道坎……

想起老师，我仿佛看到了他们那洋溢着轻笑的脸庞。

## 妈妈的浪漫

每周末，回父母那吃饭，成了生活的惯例。

那日，在厨房张罗着的妈妈，听见老弟说要出去玩，忽感叹："你们现在真浪漫，想去哪儿，开起车就出发!"

我一惊，妈妈小时连学校门儿都没进过，居然知道"浪漫"这词儿。开起车就出发，在妈妈那里是多么浪漫的事儿。

"我们住乡下那时呀，看见邻居家个个出门儿，男人骑上摩托车，'轰'的一声便载女人走了!那浪漫，好生羡慕!我吵着你爸爸买摩托车，不知道吵了多少回，也没买!"妈妈继续念叨着，我想爸爸一生节俭，哪里会舍得买摩托车。

"那这事儿，你就依了爸?"我们都被妈妈的"浪漫"逗乐了，齐声问。

"哪能啊?我硬着性子，揣着3 000元上城来，决定要买，回头我来载你爸，也一样是浪漫的!"

那摩托车呢?家里咋不见?

"唉，买车的时候，老板让我在广场上试着骑，谁知道刚骑上去，也不知道老板按了哪，车忽然像疯牛一样向前横冲直撞——我被吓怕了，再也不敢提浪漫的事儿了!"

哈哈，妈妈的"浪漫"太可爱了，我不由得搂着她的肩膀，笑出了声。

## 你不会，快走开

我自认天生是个笨手笨脚的愚钝之人，日子过久了，也渐渐地接纳了自己的愚钝。所幸，我愚钝之处，正好是那人专长之处。

一日，那人正在厨房做菜，我凑上去，欲帮忙，伸手去抓铲勺，不料他一声吼:"你不会，快走开"!

我速速引身而退，踮起脚比画着手，口里唱起了歌谣:十指不沾阳春水，一心读我圣贤书……

他一愣，转头看我一副得意的样子，刚皱起的眉头倏忽展开了，没忍住，"扑哧"一声笑了出来。

## 儿子学心理学

儿子今年读大一，专业是他自己选的心理学。

开学没多久我打他电话，被他迅速地挂了。"我在图书馆，正听着录音做笔记!唉，解剖学老师的话，语速奇快，理论难懂，我只好用电脑把课录下来，现在躲在图书馆里戴着耳机在消化。所以，你打扰到我了。"微信里跃动着他的话。

　　当晚临睡前，忽然发现儿子给我一连发了十几条信息。原来他拍了《心理学导论》课程里的内容，一条条红线画满了要我读的内容，仿佛生怕他这个为师的老妈，耽误了祖国花朵的盛开。

　　"这是一本做教育的工具书，你要常看常用，自己买去！"当我向他索要书籍以便假期阅读时，他断然拒绝，隔着手机屏幕，我能想象出他一本正经的神情。

　　又过了一段时间，忘记当时问了他什么话，他的回答是："我的特长是做个案咨询，除了这个，其他的事不要问我。"

　　每每想起这句话，我总禁不住要"扑哧"一笑！

# 珠玑古巷里的流金岁月

旅行近一个月，返回。友问，去了那么多地方，哪一处的景色最美？

我想了很久，到过的地方确实很多，每一处似乎都有自己的美姿，可要对比起来——唯有家乡珠玑古巷的场景愈发清晰地浮上心头。

美丽的珠玑古巷，自古被誉为"广东第一巷"，深藏于广东边缘境地——南雄市。她，美丽而神秘，犹如从远古而来的皇家美妃，在面纱后面柔柔地对你讲述着岁月深处的故事，携款款流金，温暖你。

又一日，应友之约，共赴古巷找寻岁月散落的流金碎末。我们驱车从南雄城顺着公路北上，穿越几个自然村落，很快便抵达古巷的南大门。

那日，正下着凉丝丝的春雨，我们撑着伞迈过小桥，穿越广场，直接进入古巷。古巷狭长、古朴、曲折，不知生来就有颗敏感的心，还是沾染了古塔传奇故事里胡妃的心思，我立于古巷胡妃塔旁，伸手触碰这千年古塔，心，倏然腾起一股温温的暖。眼前这塔，七层八角，古色尽染，千年如一日地傲立于巷亭，定是应了胡妃的神灵，恣意地张扬着岁月深处绵延而来的期望与守候。仰望胡妃塔，我们缅怀塔下安睡的伊人。那个在千年前为保护珠玑父老乡亲而投井自尽的胡妃，可知道今日珠玑后人对你的一往情深？

鹅卵石密密麻麻地沿着古巷朝远方铺展。两旁的低矮深宅，斑驳的墙壁，细腻的雕梁画栋，对你讲述的，哪一句不是岁月里纷繁惊诧的流金故事？只要你留心，只要你有意，巷里每一个人都能绘声绘色地给你讲上一整天。

漫步古巷，走走停停，30分钟的路程，我们走了近两个小时。我，并不是第一次来，眼下的一景一物早已熟悉，却依然乐在其中。我知道，每个历史着色深厚的老区景点，都需要不断重温，就如对生命细节一再翻检，方能领悟出真滋味。有好一阵子，我们没有说话，只这么静静地注视眼前岁月留下的斑驳印记，任心飘飞；或是凝视着远方，望着寒风冷雨中行走着的绚丽缤纷的雨伞，暗自感叹游客们寻根问祖的诚挚。

"快看哪！"友忽见自己姓氏的祠堂，一声惊呼而入，我随即跟进。这是一间小小的土砖房，四面墙壁坑坑洼洼，早已经披上了岁月的陈衣，黑一块灰一块。墙正中央悬挂一画像，友正与几名外来游客一并闭眼合掌祈祷，那么虔诚、那么宁静，虽静默无语，你却可以分明感受到那暗藏在生命里丝丝蔓蔓的暖与冷，均在此刻得以舒展……

顺着鹅卵石巷道，出口迎面而来的是高高屹立的胡妃雕像。春雨绵绵，寒风拂面，风雨中的胡妃，身上水珠晶莹闪烁，反平添了几分生气，一袭素白裙纱，从容而雅致，抬眉远眺，似有所诉。多次有意与胡妃对视，总想从中读懂胡妃心中的言语，无奈肤浅的我，却无从揣测，只默默感念：从皇宫出逃到珠玑的你，是不是应了上天的使命，携福珠玑？你心灵手巧，裁剪织绣，样样出众；你领着乡民种菊，菊争奇斗艳、芳香四溢。而你，却无法摆脱皇家妃子身份的纠缠，最后以身相护，留下佳话代代相传，以此为励。岁月匆匆流逝，你永远是珠玑后裔心里最鲜亮的记忆！

目光越过雕像，那还来不及抽芽的垂柳，古朴典雅的珠玑民居，隐天蔽日的千年古榕，连着一座月牙弯的拱桥，在沙水湖中摇曳着欢笑……

此时的我，如在梦里。于此岸，隔光阴回眸，恍惚之间，流连的似乎是宋时的光影。心，浅浅一笑，这深情的一望里，最清澈的快乐，最甜蜜的幸福，随着那份暖纷纷伴春滋长，生根、发芽、抽枝……

漫漫行程中，再无须亲临本家祠堂，我的心早已经回到那最温暖最柔软的深处！

走遍千山万水，还是珠玑最美！

# 成长路上的一盏明灯

每个优秀老师的专业成长史，大抵都存有一个转变的契机，这个转变也许是关键人物、关键事件或者关键书籍，它如一盏明灯，照亮了专业成长路。

## 初见，心如故

十几年来我一直住在学校宿舍，乡村的夜晚来得早，也格外安静。最初学校没有电视，更别说网络了，老师唯一的娱乐就是和同事玩玩小游戏。我不爱玩游戏，就去校长办公室找书看，有一天发现了几本《师道》。

初次见到它们，我像是捡到宝一样，立刻把它们全都"收入囊中"，带到我的小房间里，在昏黄的灯光下静静地翻阅它们。《师道》的封面是那么与众不同，像城里的姑娘穿着淡雅的长裙，一袭紫衣，清新脱俗；又像闯荡江湖的武林高手，清秀俊朗，衣袂飘飘。翻看目录，各种栏目新颖有趣，改写人生、走近名师、资教通鉴、别样课堂……里面的文字不同于其他教学类杂志那么沉闷，她清新淡雅，如从天而降的七仙女，散发着迷人的灵韵美；又如诗界吹来的柔风，沁人心脾。《师道》还刊了很多别样有趣的课堂，这让我不仅拥有了精神追求，更有了一个心理依托，有了一份教学指南。在《师道》的陪伴下，我觉得乡村的黑夜没有那么漫长了，校外的虫鸣犬吠声也没有那么刺耳了。在耳旁不时传来的热闹的玩笑声中，我与《师道》紧紧地相依相偎，直至进入梦乡。初见时，便有一种故人重逢的深情，她的样子，正是我想要的。

## 爱她，如恋人

"自从见到你，我就深深爱上你"，耳旁回响的是动听的旋律，心里想的是

《师道》杂志。有时候放学后把孩子们送出校门，我不急着回家，就回到办公室里喘口气，喝上几口热茶，随意地翻翻桌上的《师道》。里面总有几篇美文让我感触良多，总有几个案例为我答疑解惑，总有一些良言诤语抚平我心中的不快。她在我耳旁轻言细语，告诉我累了就要休息；告诉我孩子们天性调皮，要保持微笑去面对，要用爱心去感化……是的，这时候和《师道》悄悄对话，一天的疲惫也烟消云散，如同温柔的恋人在你身边轻声抚慰。周末在家里，忙完了家务后，也习惯性拿起茶几上的《师道》随意翻看。有了她，生活似乎不再枯燥和无聊；有了她，也不觉得时光漫长和寂寥。读"走近名师"与"改写人生"，我读懂了为师需要大爱，更需要坚守，无论是过去还是现在，那些优秀的先辈们对教学事业的执着追求都如同一盏盏明灯，照亮着我的教育前行之路。

## 敬她，如严师

在《师道》的指引下，我化解了教学中遇到的一个又一个难题：有时候是小朋友之间的争吵，有时候是男生和女生之间的朦胧暧昧，有时候是小女生的任性和娇蛮，有时候是小男生对学习满不在乎的态度……遇到这些状况，我都可以在《师道》的一篇篇文章中找到妥当的解决办法。

还记得有一年刚刚开学，班上的小宇带来 150 元准备交学费，可刚一下课钱就不见了踪影。他急得哇哇大哭起来，我连忙叫他出来询问情况。他告诉我钱一直都放在文具盒里，他下课后去了一趟厕所，钱就不翼而飞了。时间很短，知道放钱地方的人也不多。可能是某个同学看到后，顺手牵羊了。我很快就找到了拿钱的那个女孩子。我把她叫出来单独问她，并告诉她不会在班上公开，但是她抵死不承认，一直镇定自若，说没有拿同学的钱。没办法，我叫她掏掏衣兜，掏掏校牌，最后掏出了 145 元钱。在事实面前，她终于承认拿同学的钱是因为想去商店里买点零食吃，刚刚已经用掉了 5 元。一个三年级的小朋友，居然如此胆大妄为，这让我感到十分震惊。但是，我冷静地想了想，并没有过多地责备她，只是要求她把用掉的 5 元补齐给我。下午我把钱交给了小宇，也没有在班上过多提及此事，甚至没有告诉小宇这钱是怎么失而复得的。我冷处理了这件事，和女生家长沟通了一下，告诉家长也不必过多责骂孩子，以免在她小小的心灵里留下阴影。或许小孩子真的就是因为看到别人的东西突然萌发了拿一下的冲动，他们并不知道这种行为的严重性。我特别叮嘱家长平时留意一下孩子在家中花钱的态度，家校结合教育，让孩子健康成长。事过三年，事实证明我当年的做法是对的。这个孩子平时除了爱玩以外，没有再拿过同学任何东西，和同学相处得也很和谐愉快，班上没有同学歧视她，甚至连她自己都忘了曾经发生过这么一桩丑事。

当年我会这样处理这件事，也是从《师道》上看到的一个具体事例中得到了启示。小孩子心智不成熟，他们的所作所为都是随机的，往往没有明确的目的。老师在处理学生问题的时候，千万不要将事情严重化，不然反而会加深他们对做坏事的印象，甚至产生童年阴影。

我常常捧着一本《师道》，是那般爱不释手。有一天，我突发奇想：我的文字如果能刊入其中，该多好！于是，我开始了大胆尝试，把自己的一篇文稿反复修改，几经周折加了一位编辑老师的微信，小心翼翼地投稿过去，期盼着有好消息。很遗憾没被选中，欣喜的是编辑老师给我提出了很多改进的建议，在编辑老师的帮助下，我写的文章一篇比一篇好。终于，首篇《是谁传下这诗人的行业》被选中，刊登在"改写人生"栏目中。拿到杂志的那一刻，我体会到了拥抱梦想的幸福，这是个新起点，路还很长，《师道》如盏明晃晃的灯，让我看到了远方的美好！

《师道》就像一位智者，她传授给我的这些教学经验和智慧，让我受益匪浅；她又像是一位满身散发着睿智之光的严师，警醒我教学之路容不得半点疏忽，不然毁掉的可能是孩子的一生；她更像一盏明灯，在我专业的成长路上，一路照亮，一路指引。

我们是教学旅途中的朝圣者，要虔诚地、谨慎地向前走好每一步！在这漫长而又艰辛的旅途中，我们收获了幸福与光芒，衷心地感谢您——《师道》！

# 木公寨的呼唤

早听说粤赣交界的群山中藏着一个"木公寨",我对她神往已久,今秋,我们终于启程。

秋阳下的清晨,凉意阵阵,车穿越崎岖山道,停在了一小块平地间。抬头,满眼的苍翠,望不见山顶,据说木公寨就在那苍翠的顶端。

## 走与停

山道,绵延而幽深。

二十多人的队伍,一路行走,因了对山色不同的眷恋,大家走走停停,脚步快慢不一,队伍渐次拉开距离。三个一群,两个一伙,林间,但闻人语响,不见其人踪,于是,我们遥遥相唤,隔山而语,刹那,歌声、笑声、欢呼声,流转于林涧山间,欢乐漫卷于每一个呼吸之间。

我轻轻地笑了。秋色染霜,沧海桑田,在这浮动着暗香的清晨里,默默地,心与秋色会意合融。

山路坑坑洼洼,朝着高高的山顶蜿蜒而去,行走到每一个转角,我总免不了盼望木公寨的闪现,关于她的容颜,心中早已经有了无数次遐想。

在遐想中行走,在行走中快乐!在快乐的时候,我很少说话,只是走,只是快乐!

"一路上,你话语最少。"一文友笑着对我说道。

其实,心间话语成箩,已万千遍响彻耳畔,只是,唯有我听得见。

路,很长很长。在疼痛或疲倦时,不由自主地想停下来,把走过的路用意识慢慢再走一遍,然后发现,身后的脚印,深深浅浅,早已经画下了一条长长的飞龙,而每一次的"出神"停留,都是关乎木公寨的笺笺心事涌动,于是,未见其寨，先领其魂，她已悄然间在我心中植入了生命。

## 奇与险

拨开草丛，穿越丛林，木公寨乃现真容。名寨不是寨，而是山之巅，一群奇峰怪石傲据其北。

这是一个鬼斧神工的杰作，悬崖峭壁之上，一块块巨石陡然横生，腾空而起。在亿万岁月的更替间，她默默披上了件黑色外衣，头顶碧霄，傲视天穹，一展悠远而古老的丰硕恒美，毫无保留地释放着生命的全部光华。这一块是排云而上的千岁仙鹤，那一组是驮物前行的万年神龟，另一些又是什么？我想，正如"一千个读者就有一千个哈姆雷特"那样，千变万化，自在你我心中。

目视这般的奇，我们不由得挪步而上，禅坐于"神龟"背上，合掌闭眼，秋风呼啸落叶黄，镜头咔嚓忆永恒！在这睁眼闭眼的念想里，秋风秋叶，洋洋洒洒，已成诗成歌……

"自古逢秋悲寂寥，我言秋日胜春朝。晴空一鹤排云上，便引诗情到碧霄。"想必，刘禹锡这首名诗也是吟写于如此情景的痴念之中。

我缓缓起身，站立远眺，只见对面连绵起伏的山峦在低吟浅唱，秋阳直泻，轻染画卷，低眉垂目间，山下信丰县小小山城尽展静美风姿……

有人说：遗憾，未遇上满山云雾萦绕的日子。其实，每次遇见都是生命最独美的赠予！盛装，我爱；素雅，我念。

这样的山石，这样的秋，莫名地，让人朴素温暖，让人平和善良。

## 美丽与神秘

一段光阴，一个故事。

秋意微凉，山色尽染，奇异山石的背后，是漫山的红绿青黄紫，我们的队伍，穿越七彩枝蔓，来到了木公寨的南端。

"呀！那是咱们的孔江水库！"

随着一声惊呼，我加快了脚步，急忙跟了上去，犹置身于蓬莱之中，曾经熟悉的孔江水，因观赏角度的不同，此刻正以全新倾城之貌，展示于我们眼前：碧水晶莹剔透，如翡似玉，或圆或方或条带状，宽宽窄窄、由东至西，轻盈地一铺而过；翡玉之上，湖光安静地盛开，一点点一束束，跃动着生命的感动；湖中，大大小小、形状不一的岛屿，安然错落，我忍不住痴心妄想，眼下这个小小的岛湖，一定是哪位仙人贪恋人间，在遥远的浙江千岛湖畔上，随手轻扯了一片，藏着掖着，途经这儿时，不经意间抖落而成……

如此的景致，让我们驻足赞叹，一样驻足的，相传还有一位远古的神僧。据说神僧踏遍千山万水，独爱于此，于是，在这结庐修道，行善护民。他的善举，赢得百姓爱戴，赢得一大户人家捐赠木材，供修筑寨所，当所有人都在担忧木材如何运上山时，神僧法力无边，吩咐置木于山下小河，通过山顶挖井、井口出木头的方法，轻易地将木运上了山。寨修筑成了，从此山上有了一个木公寨，闻讯前来烧香祈福的人，络绎不绝……

神僧远去，井还在，寨依存，在岁月的洗礼中，这一切都渐渐褪成了一记斑驳，身后故事却代代相传，温暖了你、温暖了我，温暖了每一颗前往探访的心。

# 爱，一抹生命的色彩

这个暑假，我没有给自己安排过多的工作。就好好地享受一回吧！我告诉自己。

可实在是不习惯慵懒，感觉整个人像是被抽了主轴的架子，摇摇欲坠找不到向上奋发的劲儿！我喜欢有冲劲的生活！喜欢每天清晨被孩子们的灿烂点燃生命的光彩！喜欢每天沉浸在孩子们的欢声笑语中……

离开孩子们有一个多月了，只要安静下来，一张张可爱的笑脸总会自觉或不自觉地浮现于眼前。三年级的孩子，懂事起来，尤为可爱！小慧同学在家是否也如在学校那样，挺着一张花儿似的小脸，却如大人般地体贴？徐缘呢？可怜的孩子，父母离异被寄养在姑姑家，此刻是待在爸爸身边还是妈妈身边呢？李彩，瘦小的你还常常不吃早餐吗？可得记住上次晕倒的教训……

"主人，信息来了。"正想着，手机忽然传来一阵提示音，翻开查阅："李老师，很久都没有见到您了，我都有些想您了。曾子洧。"读罢，刹那间，心底和眼里都热热的，曾子洧这个孩子一直比较内向，当其他孩子围着我七嘴八舌地说话时，他总是远远地张望，极少会挤到我身边来，今天能收到他的短信，确是意外，急忙也回了条："老师也想你，跟你们在一起老师是最开心的，暑假多看课外书，祝你过一个充实快乐的暑假！""老师，我一定会多看课外书的，开学后跟您分享读书收获。祝老师暑假快乐！"

这些日子，像这样的短信越来越多，这些来自孩子们的爱，让我的暑假充满了缤纷色彩，让我一次又一次地想起一种名为"碰碰香"的小花来。这种花花茎细瘦，花小，色白，看似极为普通，但只要你用手轻轻地触碰它，"碰碰香"就会立即散发出令人舒适的香气，芬芳袅袅环绕着你，以此热烈的方式回应你的爱。在我看来，每个孩子都如一株"碰碰香"，在静候着你那轻轻的"触碰"。

每个生命都是一片舒展的叶子。漫长的暑假过后，迎来了 9 月 1 日，这一天，悄然成了我们无须约定的"相聚日"！

记得去年的这一天，曾是那般亲近我的孩子，经过了一个暑假的分离，忽然变得腼腆起来。已经升上四年级的他们，常常是三个一群，两个一伙，陆续地闪现在我办公室窗前，弓着腰，迅速地跑过，然后蹲在窗边，一会儿探出个小脑袋，透过玻璃窗傻傻地对着我笑。我一抬头，小脑袋又不见了，我刚站起来要出去会会他们，他们则哗啦啦地跑开了，留下一串串孩子独有的呼唤："李老师，嘻嘻嘻……"不见了踪影。也有大胆的孩子，邀上几个伙伴，趁着下课时分，钻进办公室，围着我七嘴八舌地诉说着想念，诉说着假期的快乐与烦恼……

9 月，常常就这样被往届孩子们的爱所环绕，我开始明白，教师节定为 9 月 10 日的缘由所在。过了 9 月，孩子们渐渐地投入新的班级中，探望我的次数少了，可是若在校园里遇上，他们准会飞奔过来，甜甜地大声喊："李老师好！"看着这一张张可爱的笑脸，听着这一声声亲切的呼唤，为师幸福如此，足矣！

李镇西老师曾经把教师的工作态度分为四类：应付、饭碗、事业、信仰。其中最高境界是把教育当信仰。信仰讲究的是全身心奉献。而我，在这四种类别中，找不到对号入座的位置，倒是想起全国知名班主任肖盛怀老师的一句话：对待教育，要有初恋般的热情和宗教般的意志！当你真爱教育、真爱孩子时，爱，已是生命的色彩，再也离不开！

是的，我离不开孩子的爱！

# 为世界做一件美丽的事情

## ——韶关市骨干班主任培训体悟

近来，因为被推荐为南雄市名班主任、骨干教师培养对象，我有幸参加了韶关市骨干班主任培训，见识了不少名师名家的风采。

对名师名家的敬仰与向往，不只是今日。不知道从什么时候开始，我总喜欢在空闲的时候通过网络搜索各大名师的视频讲座，然后陶醉其中，从未敢想象有一天，我也可以亲临会场，真切地领略名师们的魅力！

## 教授李季

刚入秋，韶关城的空气少了些许清新，多了份流动的温热。从各地区赶来这座城市听课的老师们，齐聚一堂，共叙教育，好不热闹！随着一位学者模样的老师提着笔记本从前门走进，课堂夏然安静。

他，身着白衣，步伐从容。他，眼神锐利，深不可测。他，就是德育叙事倡导者、教育部中小学教师"国培"计划首批入库专家、广东教育学院（即广东第二师范学院）应用心理学教授李季，是这次培训中第一个为我们上课的讲师。

李教授的名气很大，头衔很多，他的课堂却朴实无华，随口讲述的小故事，似乎就发生在我们身边，听着听着，你会渐渐被他的叙事教育主张吸引，感动于那一个个富有教育真谛的小故事、小案例。

"《爱，所不能，仍旧爱》中叙述了教育现状中班主任工作零效果时产生的无奈，我们应该正视这种无奈，调整心态，坚信自己的抉择——爱，所不能，仍旧爱！"

"《一碗牛肉面》中父子情深让多少人听得黯然掉泪，默默把这份感动铭记于心，默默将这份爱传递。"

"《十字架的故事》告诉我们，每个人每一天都在背负着各种各样的十字架艰难前行，只有坦然地接受它，我们才能到达成功的彼岸。不经历深刻的痛苦，我们也就体会不到酣畅淋漓的快乐。"

…………

李教授的只言片语被我拾捡起来，每一个故事都如此地打动人心，每一句话都值得回味。这让我想起身边的教育故事，多少让我们老师头疼的事儿每天都在发生，甚至有个别学生，你越是管束他越是叛逆。我们总是在抱怨学生个性突兀，听完讲座后发现，我们该抱怨的是自己才学浅薄，没有找到更好的方式引导这部分学生！

"体验教育"是教育五种境界中的最高境界，李教授提倡的叙事教育就是让教师尝试带着学生进入体验式教育，在故事中感动，在情感中成长。

## 名师刘静

"好年轻的讲师呀！"讲师刚走上讲台，周围的老师们不约而同惊叹！她，就是这次要给韶关市骨干班主任做培训的讲师之一 ——深圳市高级中学教师刘静。

跟其他讲师一样，刘老师上台先自我介绍一番；跟其他讲师不一样的是，刘老师沉静中略显腼腆。

刘老师确实很年轻，刚三十出头，一身普通的着装，扎着根低垂过肩的马尾辫，说到激动处两颊绯红，面若桃花，冷静而又明朗的眼神，哪怕戴上了眼镜，也遮掩不住睿智，散发着知性女人的柔美，有点"朴拙清雅，浑然天成"的出世之韵。

我一边倾听，一边端详着眼前这位让我敬佩的年轻讲师，在她柔美外表之下，我分明看见了一颗为教育灼灼燃烧的赤诚之心。刘老师说："一辈子，只要能做好一件事就够了。"所以，这一辈子，刘老师把"主题公园"这个教育课题，当成孩子般细心地培育着，要在每个学生心中构建一个美丽的精神家园，让他们的学习生活如在迪士尼乐园游玩般快乐——这就是"主题公园"课题的内涵所在。

一个人思考的深度，往往与他思想的厚度一致。一个"主题公园"课题，不知让多少老师认识了刘静老师。她含蓄、矜持，内心却有着巨涛狂澜，在我们看来再普通不过的生活片段，也会被她演变成课堂素材。街头巷口，一对卖果子的果农父子；黄河岸边，一头头不起眼的毛驴，均在她的镜头之下、思考之内。照片背后的故事，一切皆有可能，一切又皆不可能，刘老师引领着我们蹚过了一条条思想的长河。

## 校长吴世龙

所有讲师中，吴校长是我唯一认识的人。

他是广东省南雄市颇为出名的一位教育学者，是"快乐工作"的倡导者与实践者。当下物质化的现实冲击着人们的心灵，而吴校长似乎丝毫没有受到世俗的干扰，几十年来，教育事业的清贫并没有挫败他身上的那股锐气，他反倒干得越发起劲——"四处讲学分享、奋笔耕耘出书"是他这辈子的追求。

他也是一所教师进修学校的校长，负责当地教师的各项培训。吴校长的讲座和他的人一样，充满了亲和力，每次讲课，总能引人深思。

这一次，他带来的主题是"快乐工作，幸福生活"，这是一堂分享工作、享受幸福人生的心理课。

"放下抱怨，服从是一种获取幸福的智慧！在单位服从领导，在家服从老婆……"随着吴校长拉家常般的讲述，一个个生活小场景，一件件平常小事，融合着"放下、礼让、乐观、奋进"理念，就这么轻而易举地深入我心。

"凡事遵循二八理念，感受享受二，正确面对八。"他的"万事二八"理念，又一次打动了我，也许因为大家从事着相同的事业，相通的心，让我们觉得吴校长格外平和与谦逊。他的眼睛透着孩童般纯真却智慧的光芒，和他对视，你很快就会被他散发的祥和力量所感染，慢慢平静下来，心里升腾起这样的声音：工作与生活，只有爱，除了爱，没有别的。

"在当下觉醒，让生命蜕变。"几天的培训，虽然我无法企及讲师们所说的高度和厚度，但我对教育拥有一份真诚与热爱，我愿意做一个虔诚的听众与实践者，追随着名师们的影子，为世界做一件美丽的事情。

# 有一种寻觅，上下求索

## ——广东省名班主任培养对象哈尔滨学习感悟散记

### 携一片轻云，送与您

（2018年）9月23日，是我期待已久的日子。

这是一个远行求学的日子，这是导师们费尽心思为我们争取来的寻觅之旅，一颗心，感恩而行、漫漫而寻。

哈尔滨，在祖国的东北；我们，在祖国的南端。

飞机误点40分，14点55分开始起飞，"呼呼"一阵声响在耳边响起，渐渐远离了地面，穿越云层，越飞越高，我双眼紧黏着窗口，贪婪地探视着眼前浩瀚无垠的天空……

我瞬间被云儿的妖娆所迷恋，与她的对视，对她的寻觅，来得如此自然。

云儿，是多姿的，她轻轻一个逗引，送你满眸满眼的棉花糖，似乎张口可吃；还来不及品尝出甜味儿，那边一座又一座的雪山，转瞬呈现于眼前，让你忍不住想爬山探险，挖一挖看雪山里究竟埋藏着什么宝贝；又想忽来一个转身，遇上一只惬意的企鹅。你不要以为云儿只能聚众群生，活成独占眼眸的霸主，其实，她们独处时，瘦如一片初春细柳，轻飘飘、静幽幽，点缀在一块湛蓝湛蓝的碧玉之上，更让你徒生一份爱怜之心。

云儿，是乖巧的。她们有时像接到了谁的召唤，大伙儿齐刷刷地赶往一处，铺成了漫天的云毯，松松软软、凹凹凸凸地一直铺向天际。望着这无边无际的云毯，我真想钻窗而出，脚下生风，顺着云毯飘然而飞，去看看云毯的末端究竟在何处。

云儿，是调皮的。她们恣意一展风姿，要与蓝天媲美。这会的云儿，变得薄薄细细，浅浅淡淡，就这么轻轻儿一铺而过，远远近近，若隐若现，似乎有意给蓝天留下一片露脸阵地。于是，哪里是蓝天，哪里是白云，怎也分不清了，乍一眼，以为来到了浩瀚的海洋，碧蓝碧蓝的海面上，漂浮着一艘又一艘的白船儿。有时云儿铺得太急了，不小心这边铺密了，那边铺疏了，紧密的白云身后留下了一大片的空隙，此时蓝天摇身一变，成了镶嵌在天际里的蓝月湖、翡翠谷，这下云儿更是急坏了，一个撒腿，忽见一抹厚重之白一涂而上……

身在蓝天之中、白云之上的我，恍如行走在千年晶莹剔透的蓝色琥珀之间，向左，向右，向前，向后，任我怎么走，也走不出，满眸满眼的碧色一片，盈白朵朵！

"手可摘星辰"，我擅自改为"手可携轻云"，今天，我要携上一片最美的轻云送给您，我尊敬的导师，谢谢导师一路的辛勤指引；也送给我亲爱的伙伴们，祝愿咱们此行求学的收获，如云儿那般丰硕，那般盈美！

## 缓缓寻觅，靠近你

冷秋下的哈尔滨，像披着件沉重的外衣，谜一样，我们寻觅的步伐，早已经迫不及待。

这是学习考察的第一天，导师们带着我们第五批广东省名班主任培养对象与第三批名班主任工作室主持人共九十多人，分别乘上了两辆大巴，车子缓慢而行。窗外，9 月初秋刚至，一棵棵笔直挺拔的榆树，枝头早已金色尽染，落英缤纷；两旁楼宇不似平日里南方城市中见惯了的高楼林立，大部分建成了两三层高，外墙窗户排排立，别具一格：半圆形的窗顶，形状如一扇扇典雅别致的门，镶嵌于墙壁之上；房子的最上端，翎帽形的金顶远远相隔而戴。据说这是以前留下的欧洲风情建筑，正是因为这一系列建筑，哈尔滨号称"东方莫斯科""东方小巴黎"。

"东方莫斯科""东方小巴黎"，看似光鲜的城市称号，又有多少人铭记着这其中埋藏的血泪史？

今天我们的行程——参观黑龙江省博物馆、东北抗日联军博物馆和侵华日军第七三一部队罪证陈列馆，再次走进历史，寻觅昔时的记忆。

第一站参观黑龙江省博物馆。许是类似的博物馆参观过太多了，无论是对自然陈列馆、恐龙馆，还是对野生动物馆、历史馆，我都没有产生过多的体悟。

第二站参观东北抗日联军博物馆。东北抗日联军是中国共产党创建和领导的东北各族人民的抗日武装，是中国人民抗日军队的重要组成部分，其很早便承担起反抗法西斯东方战场局部抗战的重任，孤悬于敌后，在极端艰苦的条件下，与日本侵略者奋战了14年。博物馆里的陈列，从1931年日本侵略东北三省开始，日本军警的残忍，平顶山等几十个主要惨案赫然跃入眼帘，字字血泪，句句揪心。博物馆的陈列，以武器遗物展览、场景模拟、图片展示、文字描述等方式，再现了面对危难，东北抗日联军和东北人民的英勇。山洞里，雪山下，留下了他们不畏的抗战身影；那一把把尖刀，那一柄柄扎枪头，那一串串数字成了对后人最有力的激励！我们默默地将这一切铭记于心，并拍成照片以存留。我们没有任何理由不珍惜当下的幸福，携着这份来之不易的幸福，携着孩子们的双手，我们理当勇往前行！

第三站参观侵华日军第七三一部队罪证陈列馆。黑色的地面，黑色的建筑，黑色的碑牌，远远走过去，心被眼前的一片黑，揪了起来。刚入门，"反人类暴行，非人道的凶残行为"几个大字赫然映入眼帘，这，就是侵华日军第七三一部队罪证陈列馆的主题宣誓！日本侵略中国期间，违反《日内瓦议定书》等国际公法，有预谋、有组织地建立了以七三一部队为主体的细菌战体系，秘密进行细菌武器研制、活体解剖、人体实验等，准备大规模地实施细菌战。虽早已听说，然，走进七三一部队遗址，走近玻璃屋旁，依然骇然。只见里面一名正承受实验的壮年，双手被捆，日军缓缓淋入液体，壮年腐蚀的双手已不成形，他只能仰着头撕心裂肺地吼叫着；而那边玻璃屋，一对可怜的母子，相依相偎默默承受着，痛苦无助是唯一的表情，玻璃屋外，漠然地站立着几名日军，正持笔低头记录着眼前的一切……

看着这一幕幕被还原的场景，这一件件遗留下的罪证物品；读着这刺眼的文字记录，看着这血染的图片，我们如同身负沉重铠甲，飞一般远离了令人窒息的地狱！"弱小就得挨打"这个声音一直响彻心底，我们知道只有强我祖国，方能扬我国威！只有强我少年，方能振我中华！

为师的脚步，该怎么走，心中豁然一片明朗！

## 被折翅的大使，别样美

一身红色西装小礼裙，头戴红色平顶小帽子，一条红花小丝巾呈花状斜斜地围系在脖子间，她们左手拉着黑色拉杆箱，右手搭扶着黑色斜挎包，从舞台的后面，朝我们款款走来！行坐站队，鞠躬敬礼，放包拉箱，每一个动作整齐悦心，一举一动，一笑一颦，均散发着青春礼仪的魅力！

她们笑靥如花，她们眼神明媚，她们深情自信；她们台上灿烂，台下优雅。她们是谁？她们是哈尔滨市航空服务中等专业学校的中职生！哈尔滨市航空服务中等专业学校是我们考察的第一所学校。这是一所硕果累累的学校，集各种荣誉于一身，决意力争"全省领先，国内一流，世界知名"。

究竟有什么魔法，将这些本对人生对未来失去信心的边缘孩子塑造成了今天的阳光少年？师生才艺表演结束后，我们走进了该校的专业课现场参观探寻。

只见教室里大大小小的机器，正在"轰轰轰"工作着，孩子们动作娴熟，一个个低头忙碌，当我们走近时，他们方抬头一笑以示欢迎。该校航空服务培训尤具特色。大伙的步伐最后停留在航空服务培训课堂中：航空飞行模拟训练、飞机紧急救援演练、飞机逃生训练、空乘礼仪训练等，正在紧张进行中，我被在飞机模型中进行的空乘礼仪训练深深地吸引住了：

"保持微笑！看我示范，该这样笑才对。"

"您好，请问有什么能帮到您？"

"鞠躬，身姿倾斜度要恰到好处！"

…………

一个笑容，一句话，一个动作，老师反复示范教导，学生反复模仿练习。怎么笑，怎么说，怎么做，这点点滴滴的细节，在严谨中渐渐养成。据该校老师介绍，空乘服务培训课程以实训课为主，引进国际领先的韩亚航空服务标准，从韩国韩亚航空公司聘请空姐空少担任培训教官，严格遵循"能力为主，需要为准，够用为度"的办学原则展开教学。如此，模拟社会各行业，根据学生兴趣爱好，选择专业，再以高标准、重细节的实操训练，给予学生一个小社会、真主人的学习舞台，中职生的潜能、中职生的自信、中职生的优雅便水到渠成了。

曾听说有人把中职生比喻成被折翼的天使，看到哈尔滨市航空服务中等专业学校的孩子们，我想说，被折翼的天使，别样美！

## 铁小，最是那美好的回忆

深邃，典雅，哈尔滨城。

蓬勃，别致，铁岭小学。

今天，哈尔滨开始进入了干冷的冬季。刚下车，冷风飕飕，一阵稚气满满的童音从铁岭小学传来，声音悠扬洪亮，铿锵有力，洋溢着自信，散发着幸福，乍一听，以为是校园传来的广播。

走进铁岭小学，老师们正对着一个孩子竖起大拇指，原来是她致辞欢迎我们。只见她微笑着与我们对视，一边说，一边双手做着引路动作，一副自豪的小主人样儿，我忍不住拿起手机"咔嚓"一声，将这份美好永恒留下。紧接着，我意外地发现，参观各功能室全程都由小主人给我们引路、介绍。我们率先观看了孩子们的才艺表演，歌舞悠扬优美、跆拳道动作标准有劲，配合诗朗诵，引发了一阵阵喝彩声！表演结束后，安静的功能室那边，一班孩子正沉醉其中，画画的，捏泥的，砌积木的……一件件独具创意的作品，让你不由驻足停留，细细观察赞叹！孩子，你该是经历了怎样的教育，才能展示出此刻的大方有礼？你该是经历了怎样的训练，才能如此才艺盎然？孩子，你心里究竟藏有怎样的底气，才能拥有此刻的阳光自信？

这是一所办学设备领先的大学校？错！铁岭小学占地面积仅有五亩，校门小、校园小，功能教室也小，唯一开阔的地方就是任孩子飞奔打滚的操场了。据校长孙欣介绍，该校建于 1949 年，一路迅速发展，始终坚持遵循"办一所值得学生怀念的学校"，朝着"小而别致，大而细致；高要精湛，好要精心"的精致化办学特色严格开展教学。

苏霍姆林斯基曾说："一个校长，若要使他的老师从每天枯燥的生活里，体味到教育的幸福，那么就该引领他走上一条研究的教育路。"该校鼓励教师投入课题研究，组建了吴庆华名班主任工作室，工作室以"微媒体时代下德育课程的开发与实施"为活动载体，带领团队教师构建了五种"课程模式"，创新了"三大载体"，实现了育人课程化；班级管理中，借助培训、研讨、精准把脉、细化标准，实现课程特色化。教师们在团队研究中幸福地成长着，孩子们沐浴在幸福的阳光下，怎能不茁壮成长？

"一个精神灿烂的人，可以活成一座花园；一个精神灿烂的群体，可以活成一种传奇！"在铁岭小学，我们看到了一座花园，更看到了她的传奇！

# 修行，还需要勇气

## ——南雄市首届班主任工作论坛侧记

我把自己的成长，看成人生的一场修行。修行，是自律，需要爱与毅力并行！修行还需要勇气，不断与过去的自己辞别！

2018 年 6 月 15 日南雄市班主任工作论坛，新老教师的思维碰撞，见证了同仁们的智慧与热情；讲座《如何和学生有效沟通》为我们指点迷津！这一点一滴的收获，给我的修行路增加了一份力量。不同的是，这次论坛，我有了新的任务——分享小讲座。

就在论坛开展的前几天，我接到这个任务。那一瞬间，我是焦虑的！每次接到类似的分享任务，我总夜不能寐，辗转不安，唯恐自己上台后头脑一片空白。这个心理障碍，似乎成了我的一个痛点。时时盼望着：此生，就这么默默地陪着孩子们成长，默默地靠着文字去链接世界吧！几经哀求无果后，我只好硬着头皮开始准备了。

分享自己的成长故事，我是有话说的。故事一箩筐！这么多故事，该如何串联起来呢？我开始思索，并且很快把它写成了一份配有 PPT 的演讲稿。应该说，"写"不是我的难，"讲"才是我的难。于是，为了预防上台后头脑一片空白，我开始背稿，学生放学后，我留在课室里，以课桌为听众，拿着稿子开背。可不行，显得别扭，文绉绉的，不适合讲座。晚上，我根据自己试讲的感觉，开始修稿，反反复复，直到修改到感觉顺畅为止。

稿修好了，又开始了一轮演练。

一日散步，我对朋友说："一边散步，你一边听我讲故事吧。"朋友笑笑，答应了，我很顺利地往下背。

"我怎么觉得你在背书呢？没感染力。建议你不要再去背，抓住点，随意讲就可以了。"

能达到"抓住点、随意讲",该是怎样的高度?我可以吗?回忆起上次在广州培训时的专业分享,一样也准备了稿子,上台时,紧紧抓住稿件,以为自己离开了稿,头脑会出现一片空白,无从开口,但后来还是顺利地脱稿讲了。有了广州培训的锻炼,有什么可怕?嗯,丢开稿子的束缚吧!

论坛开展的前一天,我还是不放心自己。趁着我班孩子去上体育课,我又溜进了课室,关好门窗,拉好窗帘。实在为自己如此折腾感到羞愧,生怕被别人嘲笑。是的,这么个小分享,对别人而言,可能压根不需要任何准备,也一样可以侃侃而谈。而我,不要说一个小讲座,就是当众说一两句话,我也常常紧张得缺词断句。要克服此心理障碍,需付出多少努力和多少勇气?

分享时间为20分钟,我用手机调好倒计时,开始了练习。练着练着,孩子们不知不觉下课回来了。当他们得知这一切,有个孩子提议:"老师,不如您就把我们当成明天那些领导吧,再练习一遍,讲给我们听,让我们给您提提建议。"

看着他们企盼的眼神,向来以"大朋友"自称的我,就当着孩子们的面练习了。43双眼睛,紧紧地盯着我,专注、寂静,他们似乎不认识眼前的我,生怕眨个眼便错过了某个精彩瞬间,跟平时的课堂,全然两样!我也渐入佳境地讲开了⋯⋯

讲毕,孩子们七嘴八舌地表达自豪与崇敬!而我,似乎提前经历了一次完整的分享,自信油然而生。

6月15日,论坛如期而至。除了开始一分钟的紧张,我很快便进入了最佳状态。放在桌面的稿件早已经被我忘记了,我似乎穿越时空,回到了最初的追梦旅途,一点一滴,娓娓道来。成长路上的遇见与绽放、憧憬与喜乐,如同春天花园里那朵最美的花儿盛放,每一刻的舒展,都洋溢着芬芳⋯⋯

"阅读、儒雅、情怀",分享后领导给予了高度赞赏!同行们趁着休息的时间,纷纷过来加微信表示受益。后来收到一条微信消息,称读了我的"著作"深受感动。在我纳闷哪来的著作时,对方告诉我,论坛过后,他去教育局德育处找来我曾经的课题结题总书阅读。那一刹那,我终于笑了。

到此刻,我忽然明白,自我的修行,除了自律向上,还需要勇气。战胜过去,方可以一步步地靠近更好的自己。

感恩栽培,感谢所有的遇见。

# 把语文课上成一束光

## ——我读《美在此处：王崧舟讲语文课上什么》

　　《美在此处：王崧舟讲语文课上什么》是王崧舟老师围绕小学语文课教学内容的选择与加工撰写的论著。王老师结合大量课堂实例、课文案例和自己多年的教学研究理论，为广大一线语文教师提供了教学良方。读后，我厘清了教学思路和解读教材的策略，获益良多。

　　首先，我明确了语文课应该教什么。语文课教什么比怎么教更重要，如果教学内容选择偏差，就算教学手段再精彩，也是南辕北辙，事与愿违。现在试行统编版教材，在单元导语、课后习题、课文中的"泡泡"都有教学内容提示，有老师认为，课堂上落实这些教学点就可以了，其他的不用教。的确，统编教材规范了教学知识点，让我们一线老师更明确教学的方向。但是，课堂上不是只教这些就够了。王老师说，语文教学内容可以分为三个层次："核心圈""辐射圈""外围圈"。"核心圈"是每一位语文老师都要规范教学的，由文本的语文因素、课后练习取向、单元训练重点、学段目标内容、课程基本理念确定。"辐射圈"是一个文本所蕴含的语文要素，往往是多元的。教师可以从文本特有的语文要素发掘文本价值，如文本独特的表达方式、人文精神、艺术风格、修辞手法、思维方法、思想见地等。"外围圈"就是文本的链接、文本以外的信息源。王老师认为，理想的语文教学内容，应该以"核心圈"为主体，并通过"辐射圈""外围圈"的选择与加工，呈现出兼容模式。

　　其次，我了解了如何进行文本细读。王老师在书中讲述了文本细读"八法"，引用课文案例，层层讲解，实操性强。文本细读"八法"分别是：直面文本、看见画面、切记体察、比较品评、擦亮语言、想象还原、寻找缝隙、开掘意蕴。直面文本是第一步，抛开教参教辅、网络资源，字斟句酌地、感同身受地走入文本，咀嚼其中滋味。接着，展开想象，把文字符号还原成画面、场景，让文字不仅仅是阅读的符号，更可以是一个个鲜活的形象、动人的场景、生动的画面以及喷薄的情感……

　　文学即人学，人是鲜活的、灵动的，有温度有感情的，所以，让文字立起来，活起来，很重要。最后要关注，如何在文字中走一个来回，教学从文字出发，走到情感，再从情感出发，回到语言。王老师谈到，擦亮语言，就是要用语言的眼光看文本，不仅要关注内容，关注思想和情感，更要关注语言本身。即文字表达了什么内容，又是如何表达的，还要了解这样表达的效果。语文学习的根本任务是学习语言文字的运用，语用的学习应围绕"听、说、读、写、思"开展语文实践活动，让学生掌握语言表达，包括口头表达、习作表达的方法和策略，阅读文本的方法和策略，提升语文能力和语文素养。所以，我们用语文的眼光看待文本，不仅要了解文章写什么，还要弄清楚作者是如何写的，为什么这样写，才能帮助学生形成能力。我们语文学习的终点在文字语言的回归，但是，文字是承载作者情绪、思想、情感的符号，蕴藏着丰富鲜活的画面和场景，不将它们还原出来，文字始终是空洞的符号。所以，王老师提出的在文字中走一个来回，是能帮助学生掌握文字密码的钥匙，是老师解读文本的关键。

　　最后，我更重视学情的把握。过去，我备课时很少进行学情分析，或者习惯将课程标准对各学段的目标要求当作学情分析的参考，这是不够严谨和全面的做法。王老师认为，学情分析是上好语文课的逻辑起点。学情分析不能离开教学内容这个参照系，要置于具体的课程语境下，有针对性地分析。一方面是教学内容，另一方面是基于这个教学内容学生的认知水平。学生的认知水平分为认知起点、认知过程、认知终点。教师进行学情分析时，应该先预测这一教学知识点，学生的认知基础是什么，掌握的程度是多少，学生学习过程中的动态生成的能力、学习的路径如何，最后形成的能力是什么。我会更关注学生的学习过程和思维的路径，考虑学习效果动态生成图，而不是仅仅看到少部分学生回答出某个知识点。王老师的提点，让我更加清晰地认识到，一堂课中，学生学习实践的开展，是过程性的，像一幅矢量图，有学习认知的起点、有发展的增长曲线、有认识的终点，从起点到终点的过程发生的思维的实践活动才是有效的教学，而不是像打羽毛球那样，一打一接。每个学生的认知起点不一样，学习过程和学习效果也不同，所以，不要以一对一的形式讲授，要尽可能铺开提问，提取不同的回答，预设学生回答也可以分好、中、差三个层次，这样，课堂上的回答才更有针对性。

课堂教学艺术最大的魅力就在于它具有永无止境的追求！把语文课上成一束光，把自己上成一束光！

# 由《农村优秀教师都去哪了》想开去……

近日，在一本专业杂志上读了篇文章《农村优秀教师都去哪了》，里面阐述了一个观点：目前农村中小学教学质量日渐趋下，与城市教育差距加大，其原因被单一地认为是乡村优秀教师都在追求高收入，大多选择调往城市，安心留在农村中小学任教的优秀教师凤毛麟角。

"农村教师队伍不稳定，难以吸引优秀人才执教，直接影响到农村学生的综合素质，造成一些孩子无法踏入大学的门槛。"作者把这一现象的产生归结为优秀教师为追求高收入而流失！

农村教育的落后，果真是只关乎优秀教师的流失吗？

我在山区小县里的一所乡镇小学任教多年，对此观点不敢苟同，反而发现近年来教师待遇不断提高，吸引了不少名牌大学生乃至研究生陆续返乡考取教师职位。据说今年本地山区小学教师招考，一位名牌大学英语专业研究生面试时，以一口流利的英语征服考官，顺利地成为一名农村小学英语教师。

既然农村师资在不断改善，那究竟是什么原因导致农村学校教学质量低下？我不由联想起发生在不久前的一次家访。那是一个叫丽丽的女孩，聪明可爱，可就是不爱写作业，家庭作业几乎是一片空白，还常常迟到。为了探求原因，我几次打电话联系家长，可都没有办法联系上，最后决定到她家走一趟。

这是一间简陋而陈旧的土砖房子，里面一位老奶奶见老师到来，急忙请坐沏茶。老奶奶有些耳背，我喊着话语与她交谈，得知丽丽的父母很早便外出打工，只剩下年迈的奶奶带着年幼的孙女，自然无法监管丽丽的学习。"我老了，学习只能靠她自己了！"老奶奶说。

又是一个自小被留守的孩子！据调查统计，农村小学留守儿童比例达60%以上；留在孩子身边的仅有小学文化的家长约15%，另外大约10%的家长因工作太累而无暇顾及孩子的学习；能坚持监督并辅导孩子的家长仅占 10%！偶尔发现一两个爱读书学习的家庭，便是稀奇了。

"读书无用，教育是老师的事情"是大部分农村家长的共识，他们要么对孩子的教育不过问，要么双双外出打工，要么根本没能力教育。家庭教育几乎为零，学校演绎着"教育独角戏"，这是农村孩子面临的教育处境！

除了家庭原因之外，农村教育落后的原因还在哪里？

"农村教师读书少，教育理念普遍停滞不前。"思考至此，一句熟悉的话忽然浮现心头。是的，自 2001 年教育部颁发《基础教育课程改革纲要（试行）》以来，我国推行了一轮又一轮的课程改革试验。不管是教材还是教学方式，都发生着翻天覆地的变化，突出了以学生为主体的教学观念和科学探究的教学方式。改革的呼声很高，然，作为农村教师，我知道真正能参与课改的农村教师很少很少。何以十几年的教改风雨，却迟迟难以润泽农村学校这片土壤？是农村教师底子太薄弱？还是农村教师不长进？非也，笔者就此问题对十五所农村中小学进行问卷调查，发现除了部分年纪稍大的教师满足于现状，大部分教师都渴求通过学习提升教学素养，无奈师资普遍不足，繁杂事务多。而学校订购的教育书籍一般为 2~5 种，一般放置于领导办公室，教师阅读起来极为不便，除了个别好学的教师偶尔会特意去找书看，绝大部分教师没往领导办公室淘书籍的习惯。长期以来，学校缺乏读书、探究氛围，教师渐渐读书少了，离书越发远了。如此，校园难以形成教研教改之风，再优秀的教师，若不读书、少探究，不教改、少反思，也难免专业素养停滞不前，无法跟上课改思潮。于是乎，新教材老教法，教育新问题简单敷衍处理，仍然是农村中小学校的主要现状。

有位教育家说过："教师的阅读是让学生飞翔的第一步，也是使一枝梅花变成'一枝春天'的魔法石。"农村家长、教师少读书，是丧失了"梅花"变"春天"的魔法石。

如此，农村教育落后于城市便不足为奇了。

# 伴随诗意一块成长

## ——走近诗教使者叶才生

一个小孩若在医院里成长，他的道德就会充满医院的药味；若在菜市场生活，他的道德就充满了蔬菜味；若在狼群里长大，他也只能像狼一样咆哮了。

——叶才生

第一次听说叶才生老师是在 2016 年。一个偶然的机会，我从一位老师口中得知中山三鑫学校的叶才生老师诗教实验做得有声有色。虽然对诗教充满着向往，但最终因见面匆匆，我对叶老师只有一个模糊的印象。

如果说，2012 年的课题实验给我播下的是诗教种子，那么 2016 年则是这颗种子苗壮成长的开始。这一年，因为我被市教育局列为广东省第五批名班主任培养对象，需要申报德育课题研究，我再次想起了诗教，想起了读诗乃是净化心灵的最好方式。可一头雾水的我，申报之后却无从着手，几经辗转我加到了叶老师的 QQ，抱着试试看的心态向他求教。让我意想不到的是，叶老师没过几天便给我邮寄了《带你诗意还乡》等有关他诗教旅程的一整套书籍。感动之余，我只有潜心阅读才不负叶老师的一番热忱。

这一读，我读出了心灵的震撼！一本《带你诗意还乡》，让从未谋面的叶老师渐渐走入我的心灵，在一个个宁静的深夜里，如师如友般缓缓与我叙说着幸福的教育人生！

叶老师说："一个没有阅读思考史、写作表达史的语文老师是行而不远的，是贫瘠的荒漠。"叶老师还说："我是两栖教师，左手文学，右手教书，多一条腿走路，虚实相融，现实铿锵梦想飞扬。"或许只有将生命融入梦想的人，才能如此描摹、如此珍爱教育，字字句句里，让你睁眼合眼，躲不开那颗追求的心！

每次"交谈",我总很自然地联想起全国著名教育家李镇西老师所谈的教师态度之最高境界——宗教态度!

叶才生老师,不就是一个把教育当信仰、把诗歌当外套披在肩上的老师吗?瞧:三十来岁的他,早已被中国新诗研究所评为新诗教育名师;作品《清醒》获国际"玛宁宁"青年诗歌中文大奖;出版了《夏日打开大海的窗子》《跨越》等四部诗集,编写了《诗意语文学本》六册、《孙中山德育读本》两册……组建的新诗试点班,在不挑生源、不增加课时的常态教学下,一年中有三百多首学生小诗,发表于全国各地各类刊物中,几年下来出版了多本学生诗集……这不能不说叶老师在创造奇迹!看着这些奇迹,谁敢相信叶老师曾是一个自卑、说话还结巴的农家子弟!

叶才生老师,只因他的孜孜追求,成就了学生,也成就了自己的幸福教育人生!

好书不乏千遍读!再读,我读出了亲切!极为赞同罗曼·罗兰的话:"从来就没有人读书,都是在书中读自己,发现自己或检查自己。"许是因为曾经的困惑在叶老师的文字里得以释然,每每打开扉页,我总倍感亲切,一次次一遍遍地深陷其中。喜欢揣摩叶老师成功的十年诗意路,他那一节节诗意盎然的课堂实录,融合着以生为本的诗教理念,如甘美的清泉潺潺渗入我心。记得当初刚刚实施诗教,迷茫的我不知该从何处着手,是叶老师所提倡的"新诗教育协同理念"帮助了我,我决定从他经典课堂之一《诗歌的杯子》开启诗教的旅程。我端起茶杯问:"这是一杯什么?"

"一个空杯子啊!"孩子们异口同声地回答。

"不,这里装得满满的。"

孩子们迟疑了会,说:"一杯空气。""一杯喜悦。"……随着小手纷纷举起,思路打开了。

"如果在医院,对病人而言呢?"

"这是一杯希望。""这是一杯伤心。""这是一杯鼓励。"……

各种各样的想象顿时充满课堂,忽然有个孩子激动地跑上讲台大声说:"老师,老师,现在'这是一杯争论'。"……只是如蜻蜓点水般这么轻轻一点,水面已漪涟成片!孩子的想象,一触即发。

我惊喜——没想到一个杯子便可以让孩子们乘着诗意的翅膀,飞向天涯!同一个杯子,不同的孩子,不同的教学设计,却有了相同的飞翔。这,不正是叶老师诗教协同理念之"在场与不在场的协同"最好的展示吗？

尝到"甜头"的我，迫不及待地阅读由叶老师参与编写的诗教教材《诗意语文学本》，发现教材编写独具匠心："学路、文路、教路"三维立体融合的结构；"抛砖引玉—按图索骥—曲径通幽—他山之石—点石成金—诗歌宝典"的单元编写形式。这是一套按学生语文素养发展的规律编写成的诗意学本，配合着叶老师的诗教理念，形成了绝好的诗意指引。不可置疑，叶老师的思想给我的德育诗教路投下了第一缕金色的霞光，让我迷茫的双眼渐渐明朗起来！

"黑夜给了我黑色的眼睛，我却用它来寻找光明！"我愿意跟随着叶才生老师诗意的步伐，在遥远一隅，伴着孩子们一块成长！

# 因为有爱，所以执着……

## ——读《我的作文教学主张》有感

　　一本书，就是一艘船，能带人到远方，到我们平时无法到达的地方。《我的作文教学主张》把我带到了江苏吴江，认识了全国著名语文特级教师管建刚。

　　最初选购这本书，是因为看了此书作者管建刚老师的个人简历：一年大病，两年养病，三年经商，八年村小……七代务农，八面无书，九九寒冬，十年板凳。著有《魔法作文营》《不做教书匠》《我的作文教学革命》《一线教师》等教育书籍；创下了带班两年，学生发表作文200余篇的纪录。读着简历，我不由得被他的经历所吸引，于是毫不犹豫地买下了这本《我的作文教学主张》。

　　回到家，我迫不及待地打开阅读，当天一口气读完。对有关教育理论书籍如此读法，我是第一次。《我的作文教学主张》若只从书名看，似乎是本枯燥无味的作文教学理论书籍，但细读你会发现它完全打破旧时理论书籍的写法，以朴实但充满智慧的语言，融理论于一个个小故事之中，夹叙夹议地提出作文教学九大革命性主张："兴趣"重于"技能"；"生活"重于"生成"；"发现"重于"观察"；"讲评"重于"指导"；"多改"重于"多写"……

　　他的"作文教学"系列，具有批判性、颠覆性和革命性，无不是对权威的挑战。当一些名师都在研究体验生成作文指导课，凭着几节指导课讲遍大江南北、红遍全国时，身为一名村小教师的管老师却敢于向名师们提出异议，主张"讲评重于指导""生活重于生成"，犀利地评判了"作前指导"的弊病，并提出大凡"作前指导课"95%均是弊大于利，提出学生作文前，老师的话应该越短越好，只有"作后讲评"才是"绿色无污染"的。暂不论管老师的观点能否得到大家的认可，这种勇气与睿智令人钦佩，这种创新意识更值得提倡！

　　管老师说："我是一个喜欢故事的人，希望每天下班后都带回一个故事。"

故事，让他不断地在教育实践中探索、反思、总结，最终成长。管老师的故事读着平实，当你尝试着效仿他时，你才能体会到故事的感人之处！管老师主张"多改重于多写""文心重于文字"，为了培养孩子的写作兴趣、提高作文修改热情，特办了一份《班级作文周报》。他的作文课与众不同，"写作文"叫作"投稿"。平时的作文课成了投稿课、品读"周报"课。10年来，《班级作文周报》共办近500期、达500万字。他为了让孩子们爱投稿、多投稿，还制定了严格的稿件管理制度：设计了"录用通知书""稿费单"；周报分为"精华版""升级版"和"大众版"，还设有"小作家专栏""个人专栏"；每学期一次的"我的书"装帧大赛，评出"最美的书""最有创意的书""最佳前言奖""最佳封面设计奖"；每学年一次的"我的报"装帧大赛……读着这些别出心裁的管理制度，我觉得自己读的不再只是文字，而是管老师的那份爱与执着，是孩子们成长路上的微笑与幸福！读着读着，我想起了杨九俊教授描述的理想教师的样子——"是爱，是暖，是诗，是人间的四月天"；想起了杨九俊教授描述的理想学生的样子——"活泼泼，是在天空展翅的鹰，是在海里飞翔的鱼"；想起了杨九俊教授描述的理想学校的样子——"到处流淌着奶和蜜"……

　　杨九俊教授的描述，是所有老师的追求，也是管老师的人生写照！

# 我们该怎样学雷夫

## ——读《第56号教室的奇迹》有感

　　新年将至，农村年味十足。楼下鞭炮声，阵阵透窗而来；楼上书墨香雷夫语，依然裹着万里之外远洋美洲的爱意，默然落在了我的案上。

　　读雷夫的《第56号教室的奇迹》，已经不知道第几回。灯光，柔和地洒下，静谧而甜美。我喜欢在这样的夜里，与它对视——白色洁净的封面上，书名用大小不一的黑色字体，横写在页面的顶端，一排文字"让孩子变成爱学习的天使"紧贴着书名，告知读者书里藏有多少有关爱的神奇故事，封面下端，若隐若现地浮现一个圆形镜头，一群孩子正围着雷夫诉说着什么……

　　雷夫的神奇，在于在教室里消除了恐惧，拥有了学生的信任。"第56号教室之所以特别，不是因为它拥有了什么，反而是因为它缺乏了某样东西——这里没有害怕。雷夫老师用信任取代恐惧，做孩子可以信赖的依靠，讲求纪律、公平，并且成为孩子的榜样。"师生间的信任，我们能做到吗？信任，不仅是讲究诚信，说出的话一言九鼎，更在于你能否以亦师亦友的身份，放开孩子去担当勇闯，放飞孩子去逐梦翱翔。一次，在学校饭堂吃中餐的小静，看见吃饭的队伍很长，没耐心等候，打算玩一会儿再过来吃，没想到玩过了时间，再返回的时候，厨房已经关门。小静肚子饿了，打电话给妈妈说厨房没饭了，要回家吃。妈妈一听，气冲冲跑来学校找值日老师兴师问罪，无论值日老师怎么解释，小静妈妈气焰冲头，压根听不进。我赶到现场，把低头在旁的小静拉到跟前，微笑着注视她，并告诉她：无论发生了什么事，老师都会跟你在一起！很快，小静把为什么吃不上饭的真相说了出来！对妈妈撒谎的小静，对老师却选择了信任！无疑，这背后折射出两者不同的教育理念，使孩子产生了不同的心理！借着这个机会，我跟小静妈妈也进行了沟通，让她认识到"每个谎言背后都藏着一颗恐惧的心"！只有消除恐惧，我们才能成为孩子信赖的依靠。从此，小静妈妈改变了对孩子的教育方式，小静也更加信任我了！

雷夫的神奇，在于他通过才艺展现出来的无穷魅力。他多才多艺，教孩子演戏剧（莎士比亚剧本）、学习各种乐器、一块做化学实验等，雷夫的多才可以在多方面引领孩子！我们普通老师才艺上显然达不到如此境地，然而每个人都有自己的爱好特长，利用自己的特长，为教育所用，同样可以赢得孩子的崇拜！喜欢打篮球，可以"球"为媒，在篮球场跟孩子一块飞奔跳跃；喜欢画画，则以"画"为径，在课内外，与孩子画出一片新天地。吉林长春有位音乐老师朵朵，将舞蹈特长融入教育教学，视频上传网络后，迅速吸粉三十余万，收获了近三百万的点赞。视频里，她在操场上、在课室里带孩子跳舞，孩子们跳得有模有样，满脸幸福！仔细看，朵朵老师甚至把安全教育、努力学习等枯燥的教育内容编成歌，以歌舞的形式开展教学，教室里的孩子们犹如一只只快乐的小精灵，眼睛一眨不眨地紧随朵朵老师舞动着。"教育学首先是关系学。"能把孩子紧紧地吸引在身边，教育已经迈向了成功。

雷夫的神奇，在于全心全意的奔赴！见识过国内许多名师的风采，领略过大师的博爱情怀，却没听说过哪位老师如雷夫那般，不按学校作息时间，自己开发课程自主安排时间实施。美国学校下午三点放学，而56号教室，在这个时间进入了孩子们最期盼的莎士比亚课程！在这个课程里，孩子们摇身变成了一个个"霍伯特的小小莎士比亚"，他们捧着剧本，研读、选戏、背词、排练，忙得不亦乐乎。不仅如此，在周末、寒暑假等公休时间，雷夫也会安排"莎士比亚戏剧公演"、远行旅游等活动。雷夫似一块磁石，每时每刻都在吸引着孩子……

读着读着，发现原来56号教室里，学习的痕迹被深深地隐藏起来，无论是背诵还是演算或是书写，都被雷夫用智慧大变身，吸引孩子们的是玩儿一样的表演、谜一般的探索……德国教育家第斯多惠曾说："教育的艺术不在于传授本领，而在于激励、唤醒和鼓舞。"雷夫老师教出的孩子，学习劲儿似常春藤般蓬勃，不是因为严加管教，也不是因为走了窍门，而是因为雷夫的唤醒和鼓舞。

从56号教室里飞出的孩子，还想回到雷夫身边，怎么办？周末的莎剧，寒暑假的"行万里路"之旅行，便是雷夫专门为他们开设的特殊的开放性课程。原来56号教室里的孩子，从各行各业的岗位中回来，成为莎剧、成为旅行途中的好帮手，这更是56号教室力量的无限延展。

《好妈妈胜过好老师》的作者尹建莉在其序里说："一间教室能给孩子们带

来什么，取决于教室桌椅之外的空白处流动着什么。相同面积的教室，有的显得很小，让人感到局促和狭隘；有的显得很大，让人觉得有无限伸展的可能。是什么东西在决定教室的尺度——教师，尤其是小学教师。他的面貌，决定了教室的内容；他的气度，决定了教室的力量。"雷夫就是这样一个善于让教室的空白处流动智慧、情操和美德的老师。教育引领孩子生长。成长，需要许多的规则、无数的规矩，这就需要老师发现并发展他们的好奇心，培育他们崇高的精神追求以及丰富的灵魂。因此，雷夫为师不是收"心"，而是放"心"，放飞一颗颗童心，又安放了一颗颗爱心……

读雷夫，我读的是一个普通的小学老师，读的是一个个普通的关乎师生情的故事，读的是阵阵流淌于心间的感动。雷夫说自己不懂艺术，可雷夫却是全美唯一获得总统"国家艺术奖章"的教师。我觉得，雷夫的艺术奖章里写满了常人无法企及的爱与智慧。

夜愈深，秋虫鸣声愈高，轻轻地合上书本，闭眼，任心随着雷夫的轻声慢语，坠入一场灵魂的洗礼——需要爱，唯有爱，方可抵达教育的真彼岸。

# 轻松"玩"文字

读何夏寿先生的新作《天天当助理》，我印象最深的是作者幽默的语言——东西难吃"像嚼了一万遍的口香糖"；牛老师生气，脸上的肉会"飞抖"；妈妈的眼睛哭得像灯笼……这样有趣的句子，令人忍俊不禁。

书中有几段文字我印象特别深刻，对卖葱饼胖大妈的动作描写逼真、精准；拟声词的使用极具现场感，让人如闻其声、如见其人；写白小易"放屁"，更是一种言语表现的大胆突破和"叛逆"，充满了俏皮感。

在另一本著作《爱满教育》里，何夏寿先生提到了一种与生活、习俗、方言等联系起来说文解词的方法"讨彩头"，学名叫"谐音"。他自小就学会了这一语言技巧，为人师后还专门带学生学习过这一方法。在《天天当助理》中，这一方法被何夏寿先生运用得淋漓尽致、得心应手，比如"口头禅"和"口头馋"，"烟酒"和"研究"，"近朱者赤"和"近猪者吃"，以及"您拨打的电话是空号"和"宁波打的电话是空号"等。幽默的语言像原野之花不断绽放，令人叹服。

何夏寿先生有一种驾驭语言的特别本领，将一些耳熟能详的名句稍加修改，幽默自来。比如，"胖男生像一匹饿了千年的狼"，添加"千年"一词，这是"节外生枝"成幽默。老舍在《北京的春节》中写道："这不是粥，而是小型的农业展览会。"何夏寿先生在本书中写"书包差不多是个微型图书馆"，这是"移花接木"生幽默。诗人岑参说："忽如一夜春风来，千树万树梨花开。"在何夏寿先生笔下，变成了"忽如一夜春风来，千树万树蜘蛛开"，这是"古为今用"也幽默……

幽默的语言给这本书涂上了一层"欢乐的果酱"，散发着一种诗性、智慧的光芒。幽默让批评不尖锐，让道理不枯燥，让故事更精彩，让真情有趣味，也让不可爱的人变得可爱。正是凭借幽默的语言艺术，何夏寿先生把一本关于严肃教育话题的儿童文学作品写得举重若轻、亦俗亦雅。

我默默地想，有趣的故事要由有趣的人来讲述，因为有趣的人拥有有趣的灵魂，有趣的灵魂才会轻松玩转有趣的文字。有趣的灵魂万里挑一，幽默的文字百读不厌。

作家韩小蕙说，幽默的人必须具有真正的大智慧，因为幽默是从大智慧的内核绽放出来的花朵。何夏寿先生的幽默源于对学生、对语文教学、对教育事业的痴心和无比热爱。他轻松、自在地"玩"起了文字游戏。他是诗人，是作家，是儿童，是一个有趣的成人，更是一位有着炽热情怀的小学语文教师。

中篇　师生亲如一家人

# 妈妈是最好的老师

一天，我正看着网络电视节目，儿子忽然从他的房间探出头说："妈妈，您违反了教师劳动特点的示范性。"他见我一脸疑惑，便解释道："您不是说电视是傻瓜箱子吗？为什么您还看？"

这时我才恍然大悟，急忙向他解释这档节目的益处，值得一看。还好他勉强接受了这个说法，又回到房间继续干他自己的事去了。

曾经有许多家长向我讨教："孩子爱看电视，不肯写作业怎么办？"我也看到许多孩子因为沉迷电视而耽误了学业。因此，在儿子很小的时候，我便借用了日本一名成功母亲的教育理念，把电视称作"傻瓜箱子"，告诉儿子成天看电视的弊端，并遵循那位母亲的告诫：从不在孩子面前看电视。今天儿子忽然冒出一句"违反了教师劳动特点的示范性"时，我再次认识到父母的言行对孩子产生的巨大影响。关于"教师劳动特点的示范性"，这还得从一个游戏说起。

游戏，陪伴着每个孩子成长。冰冷的寒假或是酷热的暑假，我们母子俩喜欢躲在屋内不愿出门。这个时候，游戏成了我与孩子的主题活动。游戏，我陪儿子从小玩到大，但大部分都随着他年龄的增长渐渐不玩了，唯有"背书比赛"的游戏他依然兴趣盎然。我们通常选择的是《小学生必背古诗词》这类篇幅比较短小的书籍，然后一起读几遍，盖上书本后看谁先背出来，连续输的人则要罚讲故事或者表演节目。记得在他小的时候，我常常故意比不过他，这时候他就像个法官似的像模像样地惩罚我表演各类节目。看到他的那份得意、那份可爱，我体会到了做母亲的幸福。

我们还常常在散步的时候玩"背书比赛"，看看谁能够一口气背出好几首古诗词，背出更多的则为胜利者，胜利者有权在逛商场时选择自己喜欢的商品，输了的人只有陪看的份。也许因为如此，背书渐渐成了儿子的拿手好戏，每当他想让我买东西的时候，晚饭后一出家门去散步他总爱用挑衅的口气说："背书比赛，怎样？"

不久前，又是一个不愿出门的炎炎暑日，我跟儿子两个人待在家里看书。他看他的巨眼丛书，我看我的专业书籍，互不相扰。忽然儿子提议说："我们再来玩背书比赛吧。"我一边答应着一边随手拿来一本《论语》，儿子却盯着我的书，说："不如，我们背你看的书。"说着从书柜里抽出我一本厚厚的专业书，顺着书签打开了"教师劳动的特点"这页，那里有我阅读留下的圈圈点点，他看着我画好的重点句子读了起来，读完之后还把自己的理解讲给我听，一副得意扬扬的模样。

"教师劳动的特点"没想到就这样留在他的心里了，今天他居然还振振有词地说我违反了教师劳动特点的示范性。对啊，每个父母都是孩子的老师，你希望孩子养成什么习惯，趁着孩子还小，只要你自己拥有了这个习惯，你的教育便成功了一大半。

# 蜕变，从生病开始

## —— 记南粤最美自强好少年叶翔

叶翔，14 岁，六年级学生，品学兼优的他是大队委干部、学习委员，近几年每次考试都名列前茅，并获得了"优秀班干部""三好学生""学习标兵"等荣誉称号。

勤奋而聪明的他，14 岁本来应该在读初二。然，因为三年级时意外被查出得了肾病综合征，无奈休学，从此走上了一条四处求医的艰难道路，最后经人介绍就医于成都一家中医馆。一休学，就是两年，在这段时间里，他除了治病就是大量阅读。

两年后返回校园，他却再也不是当初的叶翔。大课间、体育课，他不能像同学们那样尽情奔跑，因为医生叮嘱切忌剧烈运动；中午放学，他不能像同学们那样留在食堂吃饭，而是由妈妈每天送饭到学校，因为医生说需要减少运动加强饮食调养；寒暑假，当同学们忙着度假游玩，叶翔则踏上了远行复诊的求康路。哪怕，就是这样小心翼翼，病，却没有远离，头晕、发烧、四肢乏力依然经常困扰着他……

常常有人问他："多年带病上学，是否会伤心难过？"

"我读过霍金的故事，和他相比，这不算什么！相反，我感激这个病，因为这个病改变了我，同时也改变了我对病的认识！"叶翔总是乐观地回答。据他回忆，得病前的自己，是一名非常普通、成绩一般、没有执着追求的孩子。休学求医的两年里，从医生的话中得知，这个病也许会导致他将来很长一段时间都不能随心运动；从妈妈的叮嘱中他明白，唯有努力学习，才可以赢得自己想要的生活；从大量的阅读中，他明确了自己将来要走的路。

返回校园的叶翔，身体没能完全康复，然而精神面貌因为阅读完成了一个完美蜕变！谈话间，微笑里流露出一份同龄人少有的淡然与沉静。他，异常珍惜每一天，努力学习，阳光进取，并尽自己的能力帮助身边的同学们；他，常常说课余时间里，既然不能痛快地跳跃，那就不如愉快地读书。很快，他成绩扶摇而上，成为全年级的佼佼者，更成为同学们的小老师。哪位同学学习遇上难题了，总喜欢凑到他的跟前，向他请教；哪位孩子被挫折困扰了，他会以自己的故事告诉对方，挫折是一位来帮助我们成长的朋友。是的，病如挫折，挫折如病，若你强大了，挫折就小了；若你示弱了，挫折则如山！

叶翔的坚强与努力、乐观与热情，赢得了师生们的喜爱，班里的同学都愿意亲近他，以他为榜样。他身为学习委员，承担着班级许多管理工作，他常常告诉自己，唯有自己优秀了，才能带领班级迈向优秀。领读是他的工作之一。按学校规定，每天7点50分开始晨读，而叶翔总是要求自己第一个到校，早早地就开始了领读，恣意地让同学们的书声率先响彻校园一角，更是坚持着要以琅琅的书声欢迎每一位同学的到来，以身作则告诉每一位同学——读书要趁早、努力要趁早！

书声，乃是校园最美的声音；叶翔同学，是校园最美的一位自强好少年！

# 从"手机迷"到"小棉袄"

一

"老师，晓丽今天又没有来包干区值日，开学到现在那么久了，她没有参加过一次值日！"卫生委员一大早便气愤地向我投诉。

"好的，我找她谈谈！"

包干区值日，是每周一次的轮值，需要值日生 7 点 40 分前到学校，把学校分配给我们班的劳动实践任务完成。而晓丽，据我观察，她每天都是踏着上课铃声进课室，而且上课常常打哈欠，一副没睡好的模样，我早就想找她谈谈了。听了卫生委员的抱怨，趁课间，我找到晓丽，轻声问："晓丽，今天是忘记了你值日吗？""没有忘记，只是我刚出生的弟弟昨晚总是闹，闹得我睡不了觉，今天就起不来了！"晓丽低着头，一副很委屈的样子。"你每天上学都很晚到校，都是这个原因？"晓丽点了点头。为了探个究竟，我联系了晓丽的妈妈。她妈妈告诉我，弟弟是很闹，但是晓丽晚睡早晨起不了床的原因是她沉迷于玩手机，常常玩到深夜，一说她，她就躲进房里关起门，不吃也不睡，实在没办法，昨晚抱着手机三点多都不睡！

原来，又是手机惹的祸！我再次找到晓丽，假装不知道发生了什么事，说："听说，你昨晚惹妈妈生气了？"

"妈妈好凶，就会骂我，常常都骂我，她越骂我，我就越不想听她的话……"晓丽一边哭一边说。

没想到一句话，晓丽便哭了，她心里该装了多少委屈呀？我没有打断她的话，认真地倾听着，同时拿了纸巾帮她擦脸上的泪水。等她说完后，我安抚道："妈妈一定很不理解你，让你受委屈了吧？"

"嗯，无论我做什么事，她都看不顺眼，就会很凶很凶地骂我！"晓丽的眼泪吧嗒吧嗒地往下掉。

此时，我知道孩子沉迷手机，是亲子沟通出现了问题，孩子心里难受了，找不到出口，只好躲在手机游戏里。我首先需要做的是疏导孩子积累已久的负面情绪，看她渐渐平静下来，便说："据我了解，你妈妈没读什么书，连字也不会写，对吗？"晓丽点点头。

"妈妈文化水平不高，自然是粗暴了些，而晓丽现在已经读六年级了，即将上初中，将来一定会上很好的大学，成为一个知书达理的人！知书达理的晓丽，是不是应该宽容没文化而粗暴的妈妈？是不是应该提醒妈妈，不应该用骂的方式跟你沟通？"我有意把妈妈的粗暴，和晓丽将来的知书达理进行了对比，把她推到了一定的高度，唤起孩子向上而行的心理。这时晓丽终于抬起头看着我说："老师，我知道了，我不应该用玩手机的方法跟妈妈对抗！"

我发现抬起头的晓丽，刘海已经很长了，盖住了眼睛。我拉开抽屉，拿起剪刀："晓丽，头发已经遮住眼睛了，来，老师帮你剪短它。"

她微笑地靠近我，我半蹲下来，一手小心地剪，另一只手接住剪掉的头发，这时听见晓丽喃喃说道："老师，我以后不玩手机了，我会早睡早起来学校的！"

第二天，晓丽早早来到学校，加入值日的队伍。于是，我再次拨通了晓丽妈妈的电话，因为孩子的健康成长，离不开和谐的亲子沟通。

二

晓丽沉迷手机的问题，看似解决了，但我知道要改掉一个坏习惯并不容易。不久，晓丽妈妈果然又打来了电话，晓丽再次玩手机晚睡，第二天不肯起床，让我想想办法。

有了上次的沟通，晓丽明显更亲近我了。当代著名教育家李希贵曾经说过"教育学就是关系学"，与晓丽有了良好的师生关系，我相信已经迈出了好教育的第一步。这次，我趁着课间操的时候，把她带到阳光灿烂的校园里。我以早起困难为切入点，先跟她谈谈我自己的亲身感受："晓丽，我们已经是好朋友了，是吗？""嗯！"得到她的认可后，我继续说："有件事，想跟你说说，老师近段时间总是没办法入睡，睡不着的时候爱翻来覆去想问题。刚好隔壁住着一个在杀猪厂工作的邻居，每次邻居开门声、下楼声响起的时候，我知道又到了三点半，后来好不容易睡了，天却亮了，闹铃就响了。我浑身酸痛，疲乏困顿，眼皮都睁不开，好累，多想再睡一会呀！晓丽，你觉得我能多睡会吗？"

"不可以，您要给我们上课。老师，您是我们学校的心理老师，您也会睡不着想事情吗？"晓丽满眼困惑。

本来，我是想通过说自己的感受，表示对晓丽不想起床的感受的认同，从而促进她认识到晚上熬夜玩手机早上不想起床的错误，进而改正，达到自我教育的目的。没想到晓丽忽然关心我，反问我，我顺势说："会，班里发生一些事的时候，我若找不到好办法解决，就会睡不着想办法呀，想着想着，就睡不着了。"

"老师，今天我回去以后，就把手机交给妈妈，并且告诉妈妈星期一到星期五都不要给我手机，明天早上我会很早起床的。老师，您今晚不要再想办法了。"晓丽天真的大眼睛，闪烁着真诚的光芒，那一瞬，我感动了，伸手抱住了晓丽，这是我预设之外的情景。

第二天下课，晓丽在办公室窗户边朝我探头望，我招手让她进来，她凑到我跟前，一脸害羞的样子，问："我昨天已经交手机了，今天很早起床，老师，您昨晚睡好了吗？""睡好了，谢谢晓丽如此关心体贴老师！"多可爱的小姑娘，本来是我在担心她玩手机睡不好，现在变成了晓丽担心我的睡眠！

这就是好关系下产生的教育惊喜吗？我不由得陷入了深思。

## 三

星期六，晓丽妈妈在微信中传了一张照片给我，照片中的晓丽一边吃早餐一边背书。紧接着又收到一段语音："晓丽终于能主动学习了，还自己要求星期一到星期五都不要给她手机。瞧，现在星期六就在做周末作业，之前怎么催都没用，都在星期日晚上赶。"从妈妈的语音中，我听到了欣喜，我连忙告诉她："孩子进步了，得好好表扬鼓励她！"

"嗯，我有鼓励，要奖励她两元钱，她说不要呢！"妈妈的鼓励方式不妥，我决定在星期一班会课上用"晓丽的变化"作为课前故事导引。

星期一班会课上，我把晓丽妈妈的语音转换为文字截屏下来，投到课室屏幕上，说："之前的晓丽，大家都知道她有个缺点，那就是爱玩手机，并且常常玩到深夜！"同学们一致赞同从前的晓丽是个手机迷，现在读到晓丽妈妈的话，都不约而同地对她投去了赞许的目光。我继续说："其实，晓丽不仅摆脱了手机开始发奋学习，还学会了关心人。"于是，我把晓丽关心老师睡眠的故事绘声绘色地讲了一遍，末了说："晓丽如此关心老师，这是在传递温暖，眼下正值大冷天，这份关心使得老师格外暖，就如穿上了棉袄一般。晓丽，老师想送你一个班级昵称，叫'小棉袄'，可以吗?"晓丽脸上泛起了微微的红光，腼腆答道："可以，我喜欢!"

"星期一到星期五不玩手机，这是晓丽的话，我们把这句话定为班规，同意的同学请举手!"孩子们都高高地举起了手!

"关心别人，传递温暖，这是晓丽做的事，我们都来做一个传递温暖的人，同意的同学请举手!"孩子们又高高地举起了手!

看着孩子们高高举起的手，看着晓丽红红的脸，我忽然想起读过的一句话：真正的激励，是让学生感觉到"我的成长也帮助了别人的成长"。

从那以后，晓丽上课的眼神越发闪亮，课堂上无论我走到哪个角落，她的眼神始终跟随着，偶尔没听懂的，下课也会跑来问明白。有时下课了，其他同学在玩耍追闹，晓丽却在安静看书，沉醉其中。我知道，晓丽已经完全摆脱手机困扰了，她已经开始自我成长了!

# 小铭笑了

小铭是新转学到我班里来的孩子，作业一直交不上来。

他是名住宿生，瘦弱单薄，看上去明显比其他孩子小。如果说前段时间是因为不习惯而不写作业，那么如今呢？一个月过去了，班里的学习风气越来越浓厚，为什么唯独他进入不了学习状态？按理，他在校吃中餐，应该是有最多时间写作业的，为什么总是完成不了？我百思不得其解，找他谈话问过很多次，可他总是低着头不吭声，或是怯怯地低语："老师，我以后一定会写的。"可每次作业本上依然空空如也。我决定看看他午休的时候究竟在干些什么。

这天中午，趁着他不注意，我来到课室窗边。小铭坐在靠窗第二张桌，窗外的我对他的一举一动一目了然。这时他正用手托腮，眼神明亮而专注，时而露出一丝丝的微笑。他在看什么？想什么？是什么让他如此入神？我很少见他如此幸福的表情，不忍心过去打扰他。可没多久，他脸上的微笑不见了，眼睛里的神采忽而暗淡下来，泪盈满眶……看到这里，我很想立刻把他叫出来，可转念一想还是多观察一阵，没想他如此反反复复地或笑或哭，偶尔翻翻书抓抓笔，始终没见他安静下来学习。十多分钟过去了，我再也忍不住把他叫了出来，小铭一见着我，立刻说："老师，我马上写作业。"我没回答，而是微笑着问："小铭，有什么事情需要老师帮忙吗？"小铭先是点头，接着又摇了摇头。"要给爸爸妈妈打个电话吗？"我掏出手机递给他，他看了看，还是摇头。"爸妈都在家吗？周末他们都会陪你玩吧？"他还是先点点头，接着又摇摇头，眼神开始变得迷离……我本想先从他的心思聊起，拉近彼此距离，可是没等我开口，他哽咽着说："老师，你别再问了，我马上去写作业好吗？"看着他难过的表情，我知道小铭的心里一定装有我不知道的秘密，于是拨通了他家的电话，方得知小铭的爸爸在不久前病逝了。

小铭的哭，让我的心揪起来，我该怎样做才能让他从悲伤里走出来？该如何做，才能让他回到集体中投入学习？没等我想出个好方案，一个意外情况帮助了我。

那天我们正好讲课文《倾斜的伞》。这篇课文讲的是小女孩丹丹与外公之间互相关心的亲情故事：丹丹小时候，每逢下雨天外公都撑着把墨绿色的大伞接送她上学放学，把伞都倾向了丹丹，以致淋湿了自己也不知道。多少年后，同样打着那把墨绿色的大伞，同样是那片雨的世界，撑伞的却是丹丹，丹丹也跟外公当年一样，把伞都倾向对方，淋湿自己。学习完课文后，孩子们都被那份浓浓的亲情感动了，我问："孩子们，课题是'倾斜的伞'，但是我们读的时候分明感受到了倾斜的还有那份——"

"那份倾斜的爱，那份爱亲人胜过爱自己的爱！"有孩子立刻回答。

"你的身边也有亲人这么爱你们吗？谁来讲讲自己的故事？"就这样，孩子们开始讲自己的小故事，每个孩子都觉得自己拥有的爱才是最浓的爱！一个孩子讲完亲情故事《爸爸的爱》后刚坐下，又站起来补充一句说："我爸爸特别爱我，他说哪怕将来上了天堂，也会在天堂里看着我微笑……"

"呜呜……"忽然一阵哭泣声打断了这个孩子的发言，是小铭！在这样的课堂中，他能说出自己的故事吗？能面对现实吗？只要他能说出来，他就一定可以走出来的！小铭终于开口了："我爸爸也很爱我，可是他前段时间去世了……呜呜……我想爸爸……呜呜……"

小铭的话、小铭的哭让课堂瞬间凝固了！我没有想到自己曾经千方百计想帮他解开的心结，会在课堂里解开！面对着这突如其来的哭声，我知道此刻一切话语都比不上一个拥抱！就这么抱着他，为他擦泪吧。片刻安静后，迎来的是暖暖的温情，孩子们七嘴八舌地开始说开了——

"小铭，你就把老师当成你爸爸的化身吧。看，老师也很喜欢你呀！"

"小铭，以后我爸爸买给我的东西，我都分些给你！"

"我爸爸刚买了一套《格林童话》给我，里面有很多好看的故事，我借给你吧。"小铭的同桌掏出了崭新的书递给了他。

…………

"小铭，刚才有同学说爸爸哪怕上了天堂也会对着自己微笑呢！相信你爸爸也正在天堂里对着你笑！再说，你如今来到了我们这个大家庭，班里的老师、同学都是你的亲人，同学们都很爱你！"

"对，小铭，我们都很爱你！"全班同学齐刷刷地响亮地回答道。

小铭看了看我，又看了看全班同学，点了点头，一缕不易被发现的笑，渐渐地爬上脸颊。

从那天开始，班里的孩子果真没有忘记自己对小铭说过的话，带了好吃的、好玩的都会想到跟他一块儿分享。而我也悄悄安排同样是住宿生的小林陪着他，每当小林玩时都拉上小铭，晚自习写作业的时候比赛谁写得又好又快！恰逢有爱心人士到我校开展"亲子结对"活动，我推荐了小铭，并再三叮嘱他以良好的状态参与活动，才能"结对"成功。

就这样，小铭渐渐地从失去父亲的阴霾中走出来了。每天看见他灿烂的笑脸，我就知道再也不用担心他了。

# 让诗陪伴孩子成长

　　又迎来了花繁叶茂的季节,《南方日报》在这个季节里主办了一场盛大的小学生诗歌节大赛。对这个消息,我没有过多的关注,总觉得这样的活动太遥远、太模糊,对我班孩子来说是天边的一颗星。

　　我依然喜欢跟孩子们一起分享诗歌带来的愉悦,我与孩子们一起读诗写诗,这么做不是想培养出几个小诗人,而是希望通过诗歌教学放飞孩子们的想象,让他们感受语言文字的美!每次的诗歌教学,我总喜欢安排在周五最后一节课,因为学习结束后将迎来周末假期,我希望孩子们能带着诗意去感受美好的假期。

　　我首先告诉孩子们,生活与诗是一个整体,你发现了生活的美,那美就是诗!生活中无处不是美,那么诗也无处不在。接着提供了一些童趣浓的童诗,引领着孩子们读诗、品诗、联想、作诗(可以自由写,也可以仿照老师提供的小诗格式发挥自己的想象写)。这样的诗歌教学已经走过了好几年,每年面对不同的孩子,总能收获几许惊喜。这期孩子是年龄最小的,许多孩子才读一年级,所以对这次诗歌教学我没有抱过多的期望。可让我没有想到的是,正是这帮孩子对诗表现出了浓浓的爱,当读诗活动进入"命题联想"这个环节时,我才发现孩子们的想象就如那刚被打开闸门的河水,喷涌而出。刹那间我感觉惊与喜充溢着整个课堂:孩子们把月亮比作慈祥老爷爷抖动的眉毛,比作贪吃的孩子,比作灰姑娘失色的红舞鞋……

　　随着课堂的深入,孩子们不再只是根据老师给出的题目进行联想,越来越多孩子转向了自己感兴趣的方面:有的孩子把家比作闹钟、比作月盘、比作床,把课室比作池塘。有的孩子将事物拟人化,如叶璐同学在《雨》中写道:"这么热的天,是谁在哭泣呢?原来是风弟弟在嘲笑雨姐姐没力气……"有的孩子结合自己的想象对喜欢的诗歌进行仿写,有的则直接按自己的方式对诗进行重新诠释。

两节课下来，一首首充满童真童趣的小诗出炉了。我惊喜，可我又担心自己欣赏水平太一般。于是当天晚上便将孩子们的小诗发给了"五月诗社"社长桂汉标老师，没想到桂老师给予了高度评价，提议拿去参加诗歌节！于是，我登录官网，意外发现一条消息：学生诗歌节开赛以来，各地学校、同学们的投稿热情异常高涨，令人感动，我们截至 6 月初收到的作品已经比去年多出了将近 1 万首。所以组委会经过慎重考虑，决定将初赛截止时间延长至 6 月 20 日。

这下可好！孩子们赶上了末班车。6 月 18 日，我推荐了孩子的 8 首诗作去参赛，只抱着试试看的心理。没几天，结果出来了，打开网络一查询，意外发现：邓奕杰的《纸菠萝》、黄钿媛的《梦》和赵鑫磊的《种歌儿的小鸟》进入复赛！这让我兴奋了好一阵！安静下来后，我继续阅读着那一篇篇已经入围的小诗，读着读着，心底升腾起一种感叹：想象力就如一匹野马，只要你为它提供了辽阔的原野，孩子便可以驾驭着它奔往四方，奔向自由；读着读着，我不由地问自己：我能为我的孩子们提供这片原野吗？天下所有的爸爸妈妈能为自己的孩子提供这片原野吗？

读诗写诗，是让想象与审美奋起腾飞的羽翼，愿每个孩子的成长路上都有这对羽翼相伴！

# 一场疯狂的拍卖会

雷夫《56号教室的奇迹》这本书第十一章"经济学的天空"整章介绍了班级银行的运行，从理念、制度到对孩子的影响，都有详尽的描述，称"经济学引入班级管理，乃是一项终身受用的技能"。

"终身受用的技能"吸引了我，在本学期的班级管理中，我根据本班具体情况，开始尝试成立班级银行。班长为行长，各班委为行长助理，奖励红花为虚拟班币，以"工资＋奖金＋罚款"的模式进行日常管理。孩子们在"理财"路上磕磕碰碰，一路前行，终于到了期末花钱的"疯狂拍卖会"。孩子们为了买到心仪的物品，竞相出价，高声呐喊，价随声涨，称之为疯狂，一点也不过分，疯狂背后隐藏的问题，令人深思。

## 即时享乐和延迟享乐

拍卖会开始前，我抛给了孩子们几个问题："你参与拍卖会，心中是否有打算买什么？在竞买物品的时候，我们需要关注商品的价值，出价的时候问问自己这个价钱值不值。你是否想要在拍卖会中买一份礼物送给谁？英语老师办公桌缺一张鼠标垫，谁愿意拍来送给他？"

拍卖会开始，第一组同学把一大袋零食铺满拍卖桌，孩子们似乎忘记了老师的话！课室里立即响起"哇！哇！"的尖叫声，许多孩子被"舌尖上的美味"冲昏了头，一包市价5毛钱的辣条被竞价到了600多个班币！见这般情景，我拿起一张鼠标垫，喊："鼠标垫起拍价50个班币！"出价参与竞拍的比辣条少了许多，最后江婷同学以400个班币成交。得知她是拍给英语老师的，我立即给予表扬并让她送到英语老师办公桌去，想通过此举让孩子们冷静下来，但明显作用不大，孩子们的热情很快又被零食吸引了过去……

不久，拍卖桌上出现了布娃娃等各类玩具，再次引来了尖叫声，仔细看，基本也是刚刚为"吃"而疯狂的孩子。有的孩子已经卖出了自己的商品，钱袋子涨了，也参与了疯狂竞价。这个商品他们没拿下，下一个立马又开始出价，似乎每个商品都喜欢。

在众多孩子为零食、玩具疯狂竞价时，有一小部分孩子似乎对吃和玩毫无兴趣，一副局外人的模样，安静地看着眼前的热闹。我凑到其中一个孩子身边问：你不喜欢吃零食吗？没想到她回答说："不是的，我昨晚已经跟妈妈商量好了，我有自己想好的商品要买。"果真，当下一组拍卖书时，这个孩子激动地站起来，开始竞价，直到把书买下，又恢复了刚才的安静。

两类截然不同的孩子，如果把为吃疯狂、为玩疯狂理解为即时心理满足、即时的快乐；那么"为书疯狂"，则是长远追求、延迟享乐。即时享乐，是任凭天性使然，随心随性；延迟享乐，是做事有自己的规划，有强烈的目标指引。当下有种呼声：再穷不能穷孩子！我们该如何达到不穷孩子？是让孩子即时享乐，还是让孩子延迟享乐？

## 富人和穷人

在引入经济理财这套班级管理方式初始，我没有想到会诞生"富人和穷人"，我更多的想法是引导孩子通过自己的努力赚取更多的班币；指引孩子不能随意挥霍，要懂得如何蓄存。一场拍卖会下来，我发现"穷人和富人""努力才可以成为富人，不努力就只能是穷人"这样的说法开始悄悄地潜入孩子心灵。

拍卖会因为有让每个孩子准备商品拍卖这个环节，显得异常火爆。火爆之下，我发现有几个孩子，每次商品刚起拍，他们都会举手，可随着价钱的抬高，他们的手又迅速放下，眼神也开始变得暗淡。这部分孩子要么是平时被扣去了很多班币；要么是表现不太突出，获得的奖金很少，又还来不及将商品拍卖出去，所以看到了很多心仪的商品都无法竞买，只能暗自为"穷"发愁。在后来孩子的习作中，我读到了因当初违反班规被扣"钱"而懊悔，读到了以后要努力赚更多钱的决心，读到了看到自己心仪的商品因为"钱"少竞争不过别人的失落，读到了感叹父母赚钱辛苦的心声……

徐晨仪同学在《一次难过的拍卖会》中写道："我花了两百个班币才买到一个鼠标垫，身上剩余的钱已经没多少了，心里有种想大声哭的冲动，可我还是忍住了。对我们这些穷人、没有买到心仪之物的人来说，这是一次失望、难过的拍卖会，对他们那些有钱人、买到心仪之物的人来说，这是一次快乐、兴奋的拍卖会。"

这样一个模拟赚钱、储钱、花钱的班级管理方式，有效地推动了班级朝积极向上发展，但是一场拍卖会下来，给孩子带来如此大的心灵震撼，是我没预想到的。

对"努力成富人和懒怠成穷人"的教育指引，有待将来更深地去思考与探索！

## 感恩和利己

此次拍卖会，是孩子们人生中的第一次，他们说对拍卖会的急迫就像"盼星星，盼月亮"，甚至还有孩子晚上想到拍卖会的到来激动得睡不着觉。当这一天到来之时，孩子的心绪如火山爆发，每一颗星火都发自心底。

那天下午，我正要走入课室，班里此时大门紧闭，窗帘遮实，几个孩子守在教室门口不让进，说要给我惊喜。一会，两个孩子从课室钻出来，分别把自己亲手做的美食"手抓饼"和"寿司"送给我，说是拍卖会前先请老师尝尝。刚尝毕，我就被他们请进课室，此时的课室已被装饰得五彩缤纷，一派喜庆。孩子们说要给老师惊喜，他们做到了，"美食优先品尝的温暖"与"美室齐心打造的温馨"确是意料之外。

拍卖会上，喊声阵阵，叹息连连，细观之下，共有四种声音：为吃玩、为学习、为感恩、为惋惜，在这些呼声中，最为动人的声音是懂得感恩！有一组同学拍卖女生饰品时，男生卢强参与了竞拍，而且喊价一次比一次高，终于有女生愤愤不平："这都是女孩的东西，你来抬价，凑什么热闹？"

"我是拍给我妈妈的！难道不可以吗？"卢强不甘示弱，继续竞价，最后饰品被他高价拍走了。

卢强的回答，成为拍卖场里最美丽的话语。现在的孩子都是家里的中心人物，全家为他服务，好吃的孩子先吃，家长恨不得揽天下之乐赐予孩子。久而久之，孩子形成了父母的爱是应该的，家里倾其所有为自己也是应该的这种自私利己的心理。而本次拍卖会中，孩子能想到给老师送惊喜，给妈妈拍礼物，这犹如一股清澈溪流，显得格外清新和耀眼。

让孩子长成耀眼的溪流，成为一名懂得感恩的人，是为师者、为父为母者共同的心愿。如何做，才能促进心愿的达成？这值得我们去探究。

# 教育学也是关系学

又是新的一学年，新的一届孩子，开学第一天，我微笑地走进教室，孩子们异常安静，齐刷刷地望着眼前这位新老师，清亮的眼神里满满是期待！

这会是一个怎样的老师呢？每双眼睛都在期待着答案的揭晓。凡事预则立，不预则废。为了不让期待落空，每接手新班，我都会进行一番准备，深切认同詹大年校长提出的教育顺序：关系—兴趣—规则。所以，我的"预"，最首要是预教育关系，我会想方设法在见面伊始留给孩子们一个光辉的形象，让孩子们在最短时间里喜欢上他们的老师。

首先，我的"预"，从班舞的学习开始。在开学前建立微信群，大家刚刚入群，未曾见过面，我会发一个视频，要求孩子们跟着视频学习手指舞《你笑起来真好看》，在开学第一天以见面礼的方式送给老师、送给同学。班歌班舞的设立，主要为将来班级开展活动做准备，可以有个舞蹈说跳，全班都可以跳起来。选择《你笑起来真好看》这首歌，主要是为了传递微笑待人、笑对人生的理念。以班歌班舞作为师生的见面礼，意义特别，仪式隆重！

其次，我的"预"，从自我介绍开始。"孩子们，今天我们第一次见面，我带来了许多校园故事，让这些故事成为我们认识的开始，好吗？"我胸有成竹，随着孩子们一阵欣喜的回应，我开始从这些书报中抽出早已经标记好的故事，一个又一个，每个故事里都充满着孩子们的欢声笑语，充满着老师的深切爱意！时间在读与听中静静地溜走，五六分钟后，我问："听了故事，你们想说什么？"

"我似乎看到了一群爱读书、爱写诗的小朋友，正围着他们的老师叽叽喳喳说个不停！"一个孩子率先站了起来，大声说。

"我觉得故事里的小朋友很可爱，他们的老师生病了会买药给老师，还会写诗安慰老师！"

"我认为那个老师一定很有爱心，会跟小朋友做游戏，小朋友们才会在假期里还在想念他们的老师！"

…………

孩子们各抒己见，气氛热烈，我话锋一转，再问："想认识这位老师吗?""想——"孩子们异口同声！我翻到故事首页，指着作者名字，然后递给坐在最前排的孩子："来，你把作者名字大声地告诉大家！"

孩子的声音刚落，我迅速地把自己的名字写在黑板中，说："这位爱孩子、爱读书、爱写作文的老师，现在就站在你们面前！你们愿意跟她交朋友吗?"

"愿意——"课室里一阵欢呼！

我在这样一份"浓妆重彩"下，顺利地走进了孩子们的视野，成为他们的大朋友。同时宣布本学期，将要跟他们一起继续读书的旅程，继续推行"三每阅读"计划，即每月师生共读一本书、每月召开一场读书会、每学一篇课文附学一句论语（假期换为：每日背诵一首古诗词）。

接着，孩子们登台进行自我介绍，除了几个比较大胆活跃的孩子主动走上讲台，大部分孩子都非常腼腆，有几个孩子无论我们怎么呼唤，都始终不敢走上讲台！看着这一张张写满不同心思的脸，忽然发现我的新朋友有如下几个特点：思维活跃却不善于表达、心思细密却腼腆内向、上进心强却缺乏自信。我默默铭记于心，我知道他们都是一块璞玉，有待日后慢慢雕刻。

第一天结交新朋友，只盼望每个孩子都能身携所见色彩，而甘愿"亲其师，信其道"，从此向善而行、向上而行、向美而行！

# 我们的图书柜

我们班一共有 32 个孩子，有 17 个孩子寄宿。

也许因为刚开学，学习任务轻，夜自习中，许多孩子在第一节课便完成了作业。第二节课，有孩子开始坐不住了，画画的，玩小玩意的，偷偷低头窃窃私语的……

"同学们，带了课外书在身边的举手?"我看着他们无所事事，忍不住问道。

两只小手缓缓举了起来。

"还有谁带了呢?"我不相信六年级孩子的书包里没有课外书! 又问了一次，可依然还是这两人在举手。我走到他俩跟前，示意要看看他们带了什么书，原来都是漫画版《爆笑校园》。《义务教育语文课程标准》明确表示: 小学高年段的孩子，课外阅读量不少于 100 万字。这意味着六年级已经不再主张读图，文字是通往世界、通往心灵的最佳途径之一。面对这个结果，我不怪孩子，他们缺乏良好的读书指引。

第二天，我想从学校图书室借些书来，可校长告诉我没有图书室，前阵子倒是有人赠送了一套"国学经典"放在语音室里。我抱来"国学经典"，再从自己书架上选了二十本书，放在办公桌上，已是整整齐齐一大沓了。

那天正逢星期五，我们在学习课文《尼尔斯骑鹅历险记》，孩子们对童话故事充满着向往。我告诉大家，我已经给他们准备了好几本童话故事，准备了几十本课外书籍，周末每人可以借一本书回去阅读，课室里欢呼一片!

"我们成立一个图书角，大家回去后再从家里带两本好看的书过来，这样我们班就可以读到一百多本书了!"孩子们安静下来后，我提议道。

"好! 太好了!"

"我没有课外书，让爷爷给买两本!"

大家纷纷表示愿意带书来，愿意跟大家一块分享。

星期一到了，孩子们果真没有忘记，书包里都装着新带来的课外书。交给谁呢？对，要选两个图书管理员！图书管理员得非常细心，责任心强！还要制定出图书管理制度，不能因为课外书而影响学习……大家你一言我一语地讨论着。最后决定由学习委员饶云辉同学担任图书管理员，李欣欣同学协助管理。

因为我一时无法找到一张带锁的书桌，饶云辉便主动申请从家里带个柜子来，这样更便于他管理。因为学校校舍的陈旧，教室门、教学楼均敞开无阻，我正愁书的安全性，没想饶云辉跟我想到一处去了。我心一热，带动全班同学给予他掌声感谢！

下午，饶云辉从家里带来了柜子，从此我们班有了大家心爱的图书柜！

# 做一个有野心的人

今天星期一，下午第一节课照例是班会课。

班会课前 5 分钟，我习惯先讲故事，今天带来的故事是《穷人的野心》。故事讲的是法国一名叫巴拉昂的富豪因病去世了，去世前，他留下一份遗嘱，让人们思考和回答。他在遗嘱中说：我曾经是一个穷人，现在却以富人的身份走向天堂，但我不愿意把成为富人的秘密带走。这个秘诀就锁在法兰西中央银行我的个人保险箱里。如果谁能正确回答这个问题，谁就能得到我的奖赏和祝福，获得一百万法郎。此事被报道后，一共收到近五万份应征信，但只有一份完全符合巴拉昂的答案，这份答卷来自一个 9 岁的女孩。

"你们认为，穷人最缺少的是什么？"我没有立即公布答案，而是把问题抛给了孩子们。

"毅力。"

"吃苦的精神。"

"金钱。"

"志向。"

"梦想。"

…………

瞬间，五花八门的答案爆满课堂。

"为回答志向和梦想的同学点赞，但是更准确的答案是——想要成为富人的野心。"我微笑着公布了答案。看着孩子们一脸的疑惑，也许在他们心里，野心是个贬义词。我强调在巴拉昂的答案中，"野心"指的是一种对人生梦想的强烈追求之心！野心是超越现实的志向，超越现实的梦想，但是志向、梦想和野心之间，相隔着强大的执行力。

"老师也是一个有野心的人，猜猜老师的野心是什么？"我常常喜欢讲自己的故事，给他们鼓鼓劲儿。

"老师的野心是教好我们，让我们都实现自己的目标。"

"是的，老师的野心就是让我们班变成一个精英班。"

"老师的梦想是桃李满天下。"

"不对，不对，我们已经有很多同学实现了目标，我们现在已经变成了一个精英班级。老师现在也已经桃李满天下了。"

孩子们开始争论起来……

"老师的野心是要写一本书，把我们班每天发生的故事写下来。因为这个野心，我将会付出很多很多的努力，那么，你们希望我笔下的你们是什么样子的呢？"我的一句话，打开了另一个话匣子，一只只小手举得老高老高。

"我是负责管早操和排队的，我要像训练特种兵那样，训练我们班的队伍，做到下楼无声，走路带风！"号称"司令员"的邓明轩高声答道，没想到他把我们出操排队规则"下楼无声，走路带风"也派上用场了。

"我是三美娟，我要跟同学们一起把课室装扮得漂漂亮亮的！"晓娟站起来说，因为她文章写得美，图画画得美，字体写得美，同学们称她"三美娟"。

"我是班长，我要带着同学们一起读课外书，把读书会办得更成功！"班长信誓旦旦地说。

"老师，您的书名想好了吗？可以让我们来帮您取书名吗？"班里号称"才女"的罗媛提议。

…………

孩子们一句句出乎意料的话，让我又一次想起名为"碰碰香"的小花来。这种花花茎细瘦，花小，色白，看似极为普通，但只要你用手轻轻地触碰它，"碰碰香"就会立即散发出令人舒适的香气，芬芳袅袅环绕着你左右，以此热烈的方式回应你的爱。此刻的孩子们，他们多像一株"碰碰香"，我只这么轻轻一"触碰"，他们便释放满堂芬芳。

# 我的地我做主

"学校分了一块地给我们班，今天下午第三节课我们去参与劳动实践！因为地比较小，我们不可以全班一起去，要分成几个劳动小组，今天的任务是锄地，想去的请举手！"当我一宣布这个消息，课室里一片沸腾，孩子们的小手举得老高老高，纷纷报名要求参加。

今天，我打算选几个平时热爱劳动且有田地劳作经历的同学，再带上一两个热爱学习但没有参加过种地的同学，组成一支锄地小组。在孩子们高涨的热情中，我发现最该举手的小 A 同学却趴在桌子上，偶尔抬眼看看我，一副无望失落的样子。小 A 是新插班来的孩子，她学习力不从心，所有科目测验均难以及格。但是通过观察，我发现小 A 特别热爱劳动，而且一旦劳动起来，脑瓜子似乎也迅速转动起来。她一定觉得那么多同学抢着报名参加，老师才选 5 个，哪里有自己的份，干脆不参与竞争了。我一个个地喊名字，当小 A 听到自己名字时，闪亮的眼睛里尽是欣喜！

领着孩子们来到劳动实践地，学校早已经把土地成条形一块块分好，班牌赫然树立在前端。实践地实实的，硬硬的，据说泥土下还埋藏着很多石头砖块，尽管昨天晚上下过雨，但看上去锄地的难度依然会比较大。孩子们却跃跃欲试，我一番安全事项叮嘱后，男生用大锄头女生用小锄头，分别从两头进行。这时小 A 摇身一变，开始一边锄地，一边指挥着：

"你们要按顺序来挖，不能东一锄，西一锄啊！"

"雄，你的劲儿可真大，但是不能举得太高，小心后面有人！"

"萱的力气小，这样吧，我们负责锄地，你负责把我们挖出来的砖块、石块捡起来丢到竹子那边去。"

"地里埋藏的砖块太大，你们翻不动，要先挖表层，让整块砖露出来，再从旁边用锄头撬！"

…………

同学们觉得她说得有道理，都按她说的去做。平时在班里落寞的小 A，此刻自然而然地成为劳动实践中的领导者。短短 30 分钟里，同学们的困难在小 A 的帮助下，被一个个攻破了。一块被松好的地成型了，孩子们开始憧憬：

"种什么好呢？我家里有辣椒苗，老师，我可以带来吗？"

"我家有西红柿！"

"我家买的洋葱长出了一根长长的苗，老师我可以带来种吗？"

孩子们七嘴八舌地问着，都想把家里的苗儿带来，我由着他们去，看看孩子们赶明儿都带些什么苗，就让他们种什么吧！小 A 悄悄地对我说："老师，我奶奶教我做了好多农活，我会种菜，明天我还可以来吗？"我微笑地点点头！

孩子们的劳动实践地，就由孩子做主吧！小 A 同学，也愿你在这块实践地里，植入梦想，伴梦飞翔！

# 牵着蜗牛去散步

"上帝给我一个任务/叫我牵着一只蜗牛去散步/我不能走太快/蜗牛已经尽力爬/为何每次总是那么一点点/……"读着中国台湾作家张文亮的《牵着一只蜗牛去散步》，我倏忽间想起了多年前那个名叫昌昌的孩子。

昌昌是一个有情绪障碍的孩子，家长不想让孩子上特殊学校，所以把他送到了我们学校，想让他做一个正常的孩子。昌昌不听指令，没有服从概念，脾气说来就来，想吼则吼，有时还会做出一些自残的行为；他极少与其他孩子沟通，不发脾气时，总爱一个人躲在座位上，低头自己玩。针对昌昌的这些特点，刚开始我利用学校的互动服从校本课程进行教育，借鉴同事的经验苦口婆心地劝诫，并且利用沙盘游戏探究他内心世界，对他进行行为矫正，但效果甚微。我发现利用常规教学方法并不能让他像其他孩子那样有所改变。我陷入了深思：究竟怎样做才能与昌昌建立心灵的连接，从而改变他呢？

有一天，孩子们正在排队，昌昌看着天上的太阳对我说："老师，太阳着火啦！"我愣了一下，迅速顺着他的思维笑道："对呀，着火了怎么办，老师好热呀，快烧着了。"没想到刚说完，昌昌便把我拉到一棵树下，嘟着小嘴，"呼呼呼"地吹气，说要给我灭火。我很惊奇，平时暴躁不爱交流的昌昌竟然会说出如此关切的话语。昌昌这举动使我明白，对于特殊孩子，我应该转变教学思维，不能按照一般孩子身心特点去要求他，而是应该更多地考虑他的特殊性，站在他的立场去帮助他认识世界，因此在之后的行为干预中，我开始尝试着改变。

在观察中，我发现昌昌对体育活动很感兴趣。因为每次我在跑步时他都会紧紧盯着，每当我跑完一圈路过窗口时，他总会兴奋地跳起来拍手。我邀请他一起跑步，他却摇了摇头，我没有勉强他，而是提出让他跟着我做热身运动，每做一组就奖励一张贴纸，集齐五张贴纸奖励一包饼干。面对奖品，他立马有了兴致，但是当我试图用奖品引导他去跑步时，他还是拒绝了。

几天的热身，昌昌都能够坚持陪我在操场上活动，但是怎样调动起他对跑步的兴趣呢？我想了个办法，在跑道上贴一些动物贴纸，牵着他在操场上散步，引导他找出这些动物，每找到一个动物就奖励一张贴纸，集齐贴纸可以获得他喜欢的奖品，他非常感兴趣地参与进来。之后，我每天都变换各种物品让他去寻找。后来，我提高了活动要求，设置时间限制，让他在规定的时间内找到这些物品，于是，活动由散步变为快走，再由快走到小跑。看着昌昌一项项突破，紧接着，我变了花招，让贴纸丰富起来，同时号召其他孩子也参与进来，分组比赛。为了更快找到更多贴纸，孩子们自发商量对策，分工合作，跑啊，找啊，在这追逐寻找中，昌昌喜欢上了跑步；在这欢声笑语中，昌昌学会了与同学交流。昌昌稚嫩的脸上，渐渐有了灿烂的笑容，无论上课还是下课，或者是阳光运动大课堂里，都特别积极听从老师指令。昌昌终于融入了班集体。

昌昌的改变，使我认识到对孩子的教育，不能一蹴而就，要沉下心来，以孩子的视角，去寻求对策。尤其是特殊孩子，他们在某些方面或许就像蜗牛，走得很慢很慢，我们不妨像张文亮诗歌里描绘的那样，牵着蜗牛去散步，多停留、多等候，你会发现沿途风光艳丽无限，沿途花香沁人心脾。

# 美丽的成长

## ——《草房子》读书会

秋，是个收获季，更是个读书季。

《草房子》是我们班读的第一本书，"美丽的成长"是我们班的第一场读书会。

读书会开始前，我们把桌椅重新进行了摆放——让桌椅沿着课室四周围成一个圈。美丽的事情，总伴随着美丽的心情，连摆桌椅也变得美丽起来。孩子们动作迅速而有序，高声欢唱"你笑起来真好看……"歌声阵阵，课室里徒增了一份欢快与灵动。每个搬好桌椅的孩子，都随着音乐跳起了手指舞，满脸灿烂，全然没有家长担心的胆怯与羞涩，仿佛跳舞是与生俱来，一切都是那么自然。

孩子们心心念念的《草房子》读书会，就这样在一片欢乐中开始了。

主持人钟晴同学在一阵掌声中被请出来。钟晴同学作为主持人，我已经提前一周让她组织动员同学，一块儿好好准备，好好设计安排活动方式、节目，以最期待的方式，开启我们的第一场读书会。当我问她是否准备好读书会的流程时，她摇了摇头。这是我不曾料想的。然，不怪她，"班级共读一本书""召开读书会"这样的活动，于她于孩子们来说，都是一件新鲜的事儿。这次，我且慢慢带着开始吧。我把活动分为四个环节：提问抢答竞赛、片段朗读展示、感动故事分享、最佳人物评选。

"你们在阅读的过程中，一定有很多收获，想把这些收获变成问题，考考同学们吗？"我与主持人站在圈中央问。

"好！"孩子们一阵欢呼！

"那左边坐着的同学为左队，右边坐着的同学为右队，我们来一场互考竞答吧。左队问，右队答；右队问，左队答，接不上来扣一分。扣分少的队伍为胜利队！"我试着问了几个问题后，便把时间交给了孩子们。

两队孩子迅速地举手。"桑桑为什么会尿床?"随着左队孩子抛出第一个问题,孩子们的心绪全然被书吸引过去了:举手要抢答的、低头翻书的、窃声讨论的,没有一个闲着。一问一答中,我发现许多孩子对书本的熟悉程度并不亚于我,好些平时不爱举手的孩子也高高地举起了手,忽闪忽闪着眼睛,生怕老师看不见。

几个来回后,左队陈炜同学问:"细马这个故事让你懂得了什么?"这把右队给难住了,没有人站起来回答,不知道左队的哪位孩子带头喊了起来:"十、九、八……"左队孩子喊声震天,右队孩子急得或胡乱翻书找寻答案或交头接耳讨论,左队倒数完毕不见答,右队被扣1分,左队欢呼起来。

"细马这个故事让你懂得了什么?"这个问题并不像前面"桑桑的爸爸是谁""哪两个人玩火导致了火灾"等问题这么容易回答,这需要孩子们从故事里去体会,去提炼。我借机开始讲细马的故事,讲一段,孩子接一段,我们一起回忆细马怎么来到邱二爷家,回忆细马为邱二爷采药治病,回忆邱二爷病逝、邱二妈疯了后,细马独自撑起一个家,立志要给邱大妈盖座大房子的点点滴滴!

细马的小小男子汉形象迅速在孩子的心中升腾起来了:孝顺、勤劳、坚强、担当!孩子们无不为细马的男子汉气概折服。这样的细马,不正是我们对孩子的期盼吗?在读细马、议细马、赞细马过程中,相信细马精神品质也深深地植入了孩子的心中。

同样引起大家热议、令人敬佩的人物,还有慢慢成长起来的杜小康!

热烈的竞赛后,是片段朗读展示。我先让孩子们自由选择片段尝试着练习朗读,五分钟后,自主登台展示。读书会上的孩子跟平时完全不一样,连最不爱读书的孩子也津津有味地投入练习。要展示了,一开始个个羞涩拒绝登台,几声鼓励下,郭丁森同学第一个蹦跳着上台,胡良芳同学也抱着书笑盈盈地登上了台……

刹那间,书声琅琅,掌声阵阵,一波读毕,另一波迫不及待又上来了,举手要求登台的孩子越来越多,孩子们似乎怎么也读不够,要求再次登台。可仔细听他们的选文,孩子们偏爱顺口溜,偏爱搞笑文字,我偏爱的那些蕴含美丽画面的描述,或者蕴含深意的句子,居然没有一个孩子挑出来朗读。我有意暗示,哪些文字可以给我们带来画面一样的美感?孩子们能找着的依然不多,我知道以后的语文课里,对文字的审美品位,任重道远!

时间在悄悄地溜走,孩子们的热情依然高涨。本来设想为四个环节的读书会，随着课堂的推进，"感动故事分享""最佳人物评选"被巧妙地融入前两个环节中。期盼将来的读书会孩子们能演绎更多属于他们自己的精彩。

一段光阴，一个故事。"美丽的成长"读书会的召开，意在点燃我们读书的热情，让书里书外的故事为我们的成长，铺就一道美丽的风景线。

# 学会爱孩子

班里有过半的孩子是留守儿童，每每想到他们，我内心都倍感沉重，总是想着要尽自己最大的努力，帮助他们更好地成长。

—

开学没多久，就出现孩子欠交作业的现象，并且有严重化的趋向。不交作业的孩子，以留守居多。经几次批评无果后，我决定施以班规中最严厉的惩罚——罚留堂，以整治这股懒歪风。

昨天下午放学时，我特地对近来常不交作业的孩子龚礼经、刘发斌说："要记得写好作业哦，明天要检查。"两个孩子均表示能完成，毕竟只是要求熟记并听写七课生字词，以这两个孩子的天资，耗时不会超过十分钟。

今天一早，我照例课前进行生字词听写，特别让龚礼经、刘发斌听写完毕立即交给我检查。没想到两个孩子依然没有把我昨天的叮嘱放心上，我不动声色宣布："龚礼经待会放学后留堂，刘发斌下午留堂，以后每天我要抽查两名同学，若谁被抽到没有完成作业，便要留堂。"同时当着全班的面，让龚礼经拨通电话告诉家人，末了，我接过电话与家长交谈，很明显家长是支持我的。毕竟留下孩子，也是留下了老师。

下午刚上班，还没有到办公室，班长就急匆匆地跑到我面前："刘发斌没有来学校，也没有吃中午饭，不知道跑去哪里了？他奶奶来了。"对面正走来一位六十来岁的奶奶，脸色焦急地告诉我刘发斌放学回到家放下书包就跑去玩了，都要上课了也不见他回来。这一刻，我的心一下子揪得紧紧的，他会去哪里？现在正下着雨，他能藏到什么地方玩去？各种各样的念头，让我一刻也待不下，急忙请奶奶先回去找找，我安排好班里的孩子，马上叫了刘发斌的好朋友王晟带着我到他们爱玩的地方去找他。

　　留堂，是迫不得已的对策。十多年来，当孩子实在顽皮不写作业时，我偶有使用这招，往往孩子们一听说要留堂，就会迅速交齐，并且能维持好长一段时间。如今的留堂，不仅需要留学生，老师也得留下看着，并且还要通知家长来接孩子。如此兴师动众，能不用这招，则不用。可从来没有哪个孩子因为留堂便逃学的。孩子不见了，我的心从来没有如此恐慌过……

　　幸好，我们在寻找刘发斌的过程中，他的奶奶来电，说他回家了。一块沉重的石头终于落地！王晟带我来到刘发斌的家。我劝他："刘发斌，我知道你是一个懂事的孩子，因为你没有来学校，爷爷奶奶、老师同学们都很担心你，走，我们还像以前那样一边走一边聊天，回学校好吗？"我尽量以平和的态度，想劝他返校上课。

　　"你别说了，我不会去上学的！你知不知道今天中午我一直在外面淋雨？你知不知道我这么做是迫不得已的？"刘发斌似乎受了极大的委屈，一连串责问的话语震得我心惊肉跳！我决定不再劝说，他正处于对老师留堂的极度不满中，我知道他是一个脆弱的孩子，也是个长期缺乏爱的孩子，经不起任何的打击，我给他空间，让他冷静一下吧。

　　离开前，刘发斌的奶奶告诉我："孩子一直说喜欢您，总说您是一个很好的老师。"是的，我也一直喜欢这个孩子，他的家跟我的宿舍是在同一个方向，我们常常放学后一块儿边聊天边走回家。因为聊天，我们的心贴得很近，他会告诉我，爸妈吵架了，他要努力学习，让爸妈看到自己进步，从而不再吵架；他会告诉我，要努力学习，这样爸妈就会带他去很多地方玩；他会告诉我，又很想爸妈了，可爸妈在城市里开店铺，要看店回不来……每次听孩子谈心事，我总忘不了赞扬他懂事，同时也给予他鼓励！

　　这么一个孩子，近来却常常以忘记为由没有写作业，据奶奶说是因为家里新买了自行车，一放学他便顾着玩自行车去了。和他几经聊天，均没有改变，这回我想通过留堂这种方式震震他，给他敲敲警钟，万万没想到刘发斌跟我讲过那么多事情，唯独没有讲过他"离家出走"的故事。

二

　　今天一大早，我先下到班里，看看刘发斌是否到校。

　　他正伏在桌子上，不敢抬头看我，趁我不留意则悄悄地看了看我，我想：他大概是担心我批评他吧，或者是认识到错误了？可我早已经决定趁此机会教育孩子做一个勇于担当责任的人。我把第一节语文课换成了主题班会课《做个有担当的孩子》。

我把曾经被我留堂至六点的叶文斌叫上了讲台，问："叶文斌，你是第一个被老师留堂的孩子，请你上来跟大家谈谈那天的情况，好吗？"

"那天我因为没有写完作业，老师几次警告后我被留堂了，留到六点，那时是冬天，天已经快黑了。最后爷爷来接我，老师才让我回家。"

"你恨老师吗？"

"不恨，我知道老师是为了我好才这么做的。我后来改正了这个缺点，再也没有留堂过。"

接着，我又叫了当天上午被留堂的孩子龚礼经，问："你被老师留堂了，当时你哭了，能告诉大家你为什么哭吗？"

"我后悔自己没有完成作业，我最害怕被留堂，所以哭了。"

"恨老师吗？"

"不恨，老师说过，我们好比是一棵小苗，当我们长歪了，这时老师便会用绳子将我们固稳，让我们长得更直。"

这时，我发现刘发斌的头更低了，一直没再抬起。我紧接着向大家抛出问题："爸妈的职责是工作养家，我们孩子的任务是———""学习！"孩子们异口同声地回答我。

"我们常说要做一个有担当的孩子，怎样才是一个有担当的孩子？请大家讨论讨论。"

几分钟后，孩子们各种各样的理解出来了："认真学习，做好每一次作业就是有担当。"

"做错了事，勇于承认改正也是有担当！"

"做个懂事的孩子，不让家长、老师担心我们，也是有担当！"

…………

刘发斌依然没有说话，只静静地低着头，不敢看我，也不敢看大家。

下午，他在奶奶的陪同下，来向我道歉。

三

我收到了刘发斌写的一封信。信中告诉我，他知道错了，也告诉我，因为那天淋雨，现在生病了不能来学校。

　　他语文基础不够扎实，很多错别字，表达也不太清楚。不过从他信中，我发现刘发斌之前就有"离家出走"的前例（这里的"离家出走"是从刘发斌信里所摘录的词汇）。当父母责备他时，他便用"离家出走"的方法来对抗，哪怕父母把他找回来了，他也在家里发脾气，这样家长就拿他没办法了。所以这次对抗老师，他也采用了这样的方式表达他的不满。

　　信中写道："同学们的话，让我认识到自己是个多么自私懒散的人……因为那天淋雨，我生病了，我浑身无力，发高烧，什么也吃不下，我好难受。奶奶那么老了，一直照顾我，可我还让奶奶这么担心……"信中最后向奶奶道歉、向老师道歉，并说将来要做一名有担当的孩子。

　　手里拿着这封信，我不敢想象，是怎样的痛苦使孩子一次次逃离家庭，逃离教室，冒着淋雨感冒的风险，都要选择逃离？——原本，他是喜欢语文课堂的，他是喜欢亲近我的！若像今天这样两败俱伤地揪住不放，反而适得其反。

　　刘发斌需要父母的归来，需要挫折教育，更需要我们的陪伴与等待！学会爱孩子，是家长的功课，也是教师的功课！

# 赞赏，助你生长

"老师，我们快要离开母校了，同学们多么想继续留在您身边啊，可我知道这是不可能的，那把我第一次获奖得来的本子送给您吧！"

一日，刚下课，琴忽然跑到我身边，塞给我一本笔记本后，便一溜烟跑了。我打开一看，里面夹着一张小纸条，读着纸条里的话，我的心热了……

记得刚开学，一个小女生率先引起了我的关注。她，忽闪着大眼睛，无论上课还是下课，都无法安静下来，不是动动这个同学，就是拉拉那个同学，常常惹出是非，班里似乎难有一日的宁静；她极少能静下来听课，更少写作业，特别爱撕纸，她的座位下总是白茫茫的一片，她对卫生条例视而不见，任你怎么罚都不改。我多次找她谈话，她当时点头答应，转身又忘记了。

有一天放学，琴的妈妈到学校来接她，我趁机与她交流，她妈妈告诉我："老师，我家孩子从幼儿园就这样，打也打过了，骂也骂过了，转眼又如此。我以为她得了多动症，带她去看医生，医生说孩子健康得很。老师，我打听过了，都说您是非常好的班主任，还是个名班主任。唉，我家孩子就交给您了，盼望您多多费心，拜托了。"面对着家长的信任和孩子的天真无邪，一股沉甸甸的使命感让我陷入了深思：这个孩子思维活跃，我该怎样转移她的注意力，让她认识到学习才是自己目前最该做的事情呢？

我记起曾经与她谈心时说："我们都姓李，多年前曾是一家人呢！按辈分你该称我姑姑。"这句套近乎的话，曾让她眼前一亮，我何不借着这个姓氏继续做文章呢？一个偶然的机会，让我与她的心迅速地贴在了一起。国庆节那天，学校开展庆祝活动，由少先队大队长主持，舞台侧边放着一张桌子，大队长讲完话便坐到那个位置上，而全校师生均搬凳子坐在舞台前方的广场上。我和琴一块坐在最前排观看主持，忽然听见她自言自语地说："能当校长的助理，多神气啊！还坐在了主席台的旁边呢!"我一听,急忙接话:"你也可以的,不过得先当老师的助理,练习好了才可以晋升为校长助理。""我可以吗?"她的眼神里满是惊讶。"为什么不可以呢?别忘了你是咱李家的孩子,是最棒的,再说姑姑也需要你的帮忙。"我一边说,一边抚摸着她的头。此时的琴,脸蛋涨得红通通的,我知道这回触动了她的心。

散会后,我组织同学们返回班里,发现班级两名孩子因为临时离开会场还没有返回便散会了,所以他们的凳子还在广场上,我正要让同学去搬回来,只见琴提着自己的凳子向那边走了过去,一并把广场里的两张凳子也搬回来了。回到课室,我立即让全班安静下来,想让同学们看到琴一人搬回三张凳子的情景。

她刚进课室,我接过两张凳子问:"这两张凳子是谁的?"

"是陈昌元和王晟的,他们上厕所去了。"许多同学不约而同地回答。

"开会时,谁坐在他们身边?"

"我!"

"还有我!"

…………

"坐在他们身边的同学都没有看见这两张凳子,全班只有坐在最前面的琴同学看见了?"

刚刚回答的几个孩子低下了头,我继续说:"我们班是一个大家庭,同学们都愿意帮助别人,心里都装着班级,都很爱护班里每一样公共财物。现在,老师需要一个助理,这个助理,得特别热心,大家说谁最合适呢?"话音刚落,全班异口同声地喊出了"琴"的名字,我也趁机凑到她耳旁,低声说:"咱李家的孩子,就是不一样!姑姑为你感到高兴,加油哦!"

从此,我讲桌侧面多了个位置,被命名为"班主任助理座"。班主任助理负责帮我收拾讲桌,把我上课的用品送回办公室;负责锁课室门;负责检查课室卫生。琴成为助理后,因为她要帮我把教学用品送回办公室,每天我们都有几次交流的机会。我给她设立了一本"成长登记册"放在我的办公桌上,每次她有进步了,便登记起来,贴上一个笑脸,一周内每天都有笑脸,则成长了。哪节课认真听讲了,哪天举手发言了,哪天不撕纸了,哪天会写作业了,哪天被老师同学表扬了,哪天测验考试获得好成绩了,哪天班干部工作受到了好评,成长登记册上均有记录,我常常与同学们分享。

琴渐渐把精力转移到了学习上,上课认真了,本来就聪明的孩子,接受知识又好又快，很快成为课堂活跃分子，在期末考试一跃进入年级前三十名。领奖那一刻，她以为自己听错了名字，在主持人再次喊她时，她才飞一般地跑了上去。

美国心理学家之父威廉·詹姆斯曾说："人性最本质的渴望，是得到别人的赞赏。"赞赏，是一种期望，是一种动力。作为班主任，善于抓住孩子每一次心理的变化，使用形式多样的赞赏方式，能增强孩子的自信心，激发他们的潜能，促进孩子进步和发展。

琴就是在这样的赞赏下，从一颗小种子成长为一棵大树！

# 做一名幸福的班主任

## ——2021 年教师节表彰大会上的发言

尊敬的各位领导、老师们：

大家早上好！

在这个充满喜悦的节日里，我作为班主任代表站在这里发言，深感荣幸！首先，请允许我代表全体教师向一直关心、支持我们教育事业的镇政府领导表示衷心的感谢和崇高的敬意！向在教育战线上奋战的各位领导和老师们道一声："节日快乐！"

同时，也借此机会感谢学校对我的栽培、同事们对我的支持与帮助，让我迅速地成长起来。李镇西老师在《爱心与教育》这本书中，把班主任的工作境界分为四类："应付，饭碗，事业，信仰。"我，23 年的教龄，22 年的班主任历程！我深知班主任是一份关乎成长的事业，一份经营爱的事业，一份充满生命跃动的事业。我不敢说自己的工作已达到了信仰境界，但我享受着班主任工作带来的点点滴滴。

我们作为新时代的班主任，拥有着许多外出培训、校内研讨的学习机会，这加快了我们成长的步伐，一个又一个班主任拥有了自己的课题、自己的研究方向，携手并肩迈向教育科研路。

而我，是最最幸运的一位班主任。这些年来，我被学校举荐为名班主任培养对象，从南雄名班主任，走向了韶关名班主任，今年 7 月，又正式成为南雄唯一一名广东省名班主任。自豪、激动、幸福充溢着我心；感恩、责任、担当更是响彻我心！是的，在前行路上，我除了积极承担培训新教师、班主任工作，做好南雄教育局交给我的每一次讲座，更多的是带好我的每一届学生，成为他们人生中的导航人。

作为幸福的班主任，我认为读诗是净化心灵的最好方式。于是在班级管理研究中，我的班主任课题选择了《中小学诗化德育的实践研究》，把班主任工作指向了"诗意德育"道路。当我尝试将一首首童趣盎然、具有德育韵味的小诗引进我的课堂，当我尝试着用诗歌的方式评价孩子的言行，我惊喜地发现，孩子的眼里渐渐多了份诗意的敏锐。他们会把月亮的圆缺看成是个贪吃的孩子，肚子由干瘪吃成了圆滚滚；会把课堂想成鱼塘，鱼儿们的欢喜，全系于饲养员的技艺……这一首首向善、向上、向美的小诗，伴随着孩子们品行成诗意发展，随着师生间的情谊，浓化成一首诗！

诗意浸润的班级，自是诗意盎然。"养浓厚学风 树浩然正气"是我班共同的追求；"学校是河，老师是船，而我就是那船上的乘客，河把船托起，船把身躯奉献，只为把乘客送达彼岸"是我班的共识。这样，师生间相处承载了万般柔情！

我深深懂得：选择了爱和成长，也就选择了希望和收获；选择了陪伴与坚定，也就选择了温暖和成熟；选择了探索和前行，也就选择了诗意和远方；选择了拼搏与超越，也就选择了成功与辉煌！

年年花似锦，今年花更红，一年一度的教师节，体现了国家、社会对教师的关怀，体现了教师的价值。"耿耿园丁意，拳拳育人心。"让我们用慈爱呵护纯真；用智慧孕育成长；用真诚开启心灵；用希冀放飞理想。"雄关漫道真如铁，而今迈步从头越。"老师们，让我们携起手来，把今天作为一个新起点，在各自的岗位上，齐心协力，奋发进取，在无悔的事业中共同托起明天的太阳。

我的讲话完毕，谢谢大家！

# 下篇 光亮明如一盏灯

# 《基于幸福教育的"点灯"式班级管理研究与实践》成果报告

## 一、成果产生的背景

南雄市珠玑镇中心小学创办于 1913 年，位于著名的珠玑古巷旁。学校立足于珠玑文化，于 2012 年提出创建文明诗意校园，提倡班主任以"诗意班级管理"的方式打造诗意班级，唤起学生的主体意识、主动精神，帮助学生创造乐观、自信、朝气蓬勃的人生，从而影响感染家庭，推动文明诗意社区的形成。为此，2013 年李红秀老师申报了《农村小学中年段学生诗化德育的实践研究》这一课题，2015 年顺利结题。课题倡导"亲近传统文化，润心润德润氛围"，实施"诗教课程—读诗品诗—写诗赛诗—诗意呈现"的班级管理策略，力求在读诗、写诗中促进文明诗意校园的形成。此课题研究，结合诗意管理模式，形成了诗意校本，师生多篇诗文均有发表。

2016 年 8 月，南雄市教育局德育办主任吴世龙针对课题提出：作为广东省名班主任，责任更广，不妨在"诗化德育"的基础上，关注学生的心理差异，关注"心育"策略，落实立德树人目标，朝着幸福教育的方向深入探索，进行全市推广。

"受命于期望之中，奉命于省培之际"，李红秀迅速与田春英、谢祥明、袁劲民、徐丽华、潘余香等老师组成了新的课题推广小组，开始关注幸福教育，他们发现美国教育家诺丁斯在《幸福与教育》这本书中写到，幸福教育是以培养人的幸福情感为目的，增强师生"体验幸福、创造幸福、给予幸福"能力的教育。诺丁斯认为：教师在富有创造性的工作实践中，通过自己幸福地教，促进儿童幸福地学，实现教师职业的价值与意义，享受教师职业的尊严与幸福，同时，学校教育的幸福辐射到家庭、弥漫到社区，促进社会的和谐与幸福。

就这样，一种适应教育改革的富有创造性的崭新班级管理教育理念——基于幸福教育的"点灯"式班级管理，吸引了我们。"点灯"是对教师启发学生思想的一种形象比喻，教育行为的实施起点来源于对学生心理深处亮点的挖掘，化身为"点灯人"，抓住学生行为的随机性、短促性、超越性、微妙性等特点进行引导，关注学生成长过程中所遇到的迷茫、困惑，给予点拨引导，做学生学业精神与人格塑造的导师；关注学生随机生成的良好行为，赐予班级美称号，赐予知识产权美专利，通过日常的叫唤与推行形成内心的强化，帮助锁住美，并发展成学生美德，从而促进"幸福教育"的形成。

将"点灯育人"输入中国知网进行文献检索，搜出总库信息23条，信息显示，"点灯人"以教育部"亲近母语，用阅读点亮孩子人生"为主要代表，深入语文教学。朱永新老师在《新教育的新征程》中提出要用阅读点亮孩子人生，要做一辈子的点灯人；刘松梅老师"用爱点灯"，"点灯"教育策略深入心理健康教育；崔丽华老师的《做生命教育的点灯人》则具体介绍了其在班主任工作中，如何点亮孩子心灯，促进师生的共同成长。由此可见，"点灯"式教育策略早已引起教育部，引起朱永新等教育家的关注，越来越多普通老师参与到研究队伍中。而我们的"点灯"式班级管理，以"立德树人、幸福教育"为使命，在《农村小学中年段学生诗化德育的实践研究》成果上继续探索。

回看目前中小学教育现状，存在分数至上和隔代教育现象，缺乏对孩子良好习惯与品德的培养，在这样教育方式下长大的孩子，其心灵容易被一些无知、懵懂、偏见、逆反、陋习的阴影所遮蔽。为了驱除这些遮蔽，"基于幸福教育的'点灯'式班级管理的研究与实践"主张运用心理学动机和情绪对行为起着引发、推动和导向作用，先知者不断用心对后知者进行启蒙点拨，促进后知者保持积极的、主动的、乐观的态度，使教育走向幸福。目前，"点灯"式班级管理在实践中逐渐走向成熟，组成了"专家引领—实践探索—理论研讨—案例分享"的实践共同体，共同体老师围绕"需要—内驱力—目标—目标达成"的行为形成过程，按照"阅读—观察—行动—反思"四个步骤进行实践研究，形成了"三借"的教育模式。经推广学校检验，"点灯"式班级管理策略简单易学，在班级管理中操作性强，对树立学生信心、调动学生学习积极性有很大的推动作用，也是构建和谐班集体、打造幸福教育的一个良方妙策！

## 二、成果概要

点灯育人，旨在唤醒学生自我点亮；诗意管理，意在焕发班级自主发展。四年来，在广东省名班主任培训的熏陶下，在李季教授亲历实践的指导中，"点灯育人　诗意管理——基于幸福教育的'点灯'式班级管理的研究与实践"成果逐渐呈系统化，逐渐走向成熟，目前取得了以下主要成果：

### （一）提出了幸福育人的"点灯"式班级自主管理策略

1. 阅读为灯，奠定美好

以教育部推荐的"分级必读书目"与"论语诵读"相结合为班级师生共读书目，引领构建积极人生价值观，奠定对幸福美好的认识与追求。

2. 期待为灯，唤醒自信

运用德国卡尔·威特的赞赏原理和罗森塔尔期待效应，巧设学生心理暗示定性导向，唤醒埋藏在学生心底的自信。

3. 美德为灯，守住优点

运用斯金纳行为强化原理，根据学生美德，赐予相应"美称"，实现"守住优点，让生命开花结果"！

4. 专利为灯，规范行为

运用德国卡尔·威特的赞赏原理、斯金纳行为强化原理，根据学生随机生成的美好行为和良好学习习惯，颁发"知识产权"，以专利美号的形式在班里推行，实现"锁住美，传递美"，以美的标准规范行为，引导学习习惯的养成。

5. 班币为灯，全程引导

将经济学引入班级管理，设立班级银行，以"工资＋奖金＋罚款"的形式推行，同时引进教育家程鸿勋的阶梯式学习法理念，以银行财富的积累设置阶梯升级游戏，即"小种子—小苗苗—叶片儿—小树—大树"，全程引导美德的形成，对构建积极人生价值观进行巩固。

### （二）构建了诗意育人的"点灯"式班级自治模式

为了更好地落实立德树人的教育使命，从班级与学科融合育人的高度，以"新""奇""趣""美"的"点灯"式班级管理实验，以学生的"心灵"擦亮为突破口，从学生自身优良行为的锁定，促进核心价值素养的形成，形成了适应于不同学段的"三借"高效育人模式：①借经典故事："叙事德育"的情景感染模式；②借良好行为："扬长避短"的行为锁定模式；③借约定目标："唯美向往"的目标驱动模式。

### （三）形成了班级育人的"点灯"式班级共育管理机制

1. 班级育人理论学习提升平台

在研究过程中，德国卡尔·威特的赞赏原理、斯金纳的强化原理、罗森塔尔效应、马斯洛的基本需求理论等在实践中被反复运用，形成了"点灯"式班级管理的理论提升平台，同时诱发了老师们理论学习的渴求，朝着更广更深的理论范畴迈步，为实践做指导，不断充实理论资源库。

2. 班级育人实践学习提升平台

目前，相关实验和教学案例已经形成系列：共 36 篇相关论文发表或获奖；5 节点灯育人课堂获南雄市一等奖；6 场"点灯"式班级管理主题讲座。到今天，推广范围已至全国各地，经实践后，老师们均反映："点灯"式班级管理模式和班级育人实践学习提升平台都可复制，且教育效果好，极具推广价值。

3. 班级育人指导学习提升平台

经过四年实践推广，团队老师努力探索，奋发进取，各具所长，形成了一个强大的人才资源库。李红秀等 5 名老师被南雄市教育局列入专家人才库，常常被邀请到各实践学校实地指导；李红秀、邓宏梅等 6 名老师成长为韶关市乃至广东省名班主任，及韶关市名班主任工作室主持人，为班主任培训贡献力量；谢祥明等 10 位老师成长为校长（副校长），为本市学校管理人才做出了示范引领。

## 三、解决的主要问题、解决问题的过程与方法

### （一）解决的主要问题

本成果按照中共中央国务院立德树人、构建幸福教育、培养德才兼备人才为价值目标，落实班级育人、学科融合育人的总体要求，在研究中既注重中华传统经典文化的宏观视野，又注重以"经典故事"充实学生心理容器，从孩子课堂表现和课后日常行为寻求切实可行的教育切入点，以"班级银行"和"阶梯升级游戏"的有趣方式，夯实"立德树人"的社会主义核心素养。这是理论上的新突破，开发班级与学科融合育人资源，形成当前基础教育中可推广可复制的可

行性班级管理理论与实践模式。

### （二）解决问题的过程与方法

四年来，团队教师从理论学习、调查摸底、制订推广方案，到实地指导具体工作，亲临一线课堂听课、评课，一起探讨"点灯"式班级管理模式，形成"点灯"式课堂新模式。

1. "点灯"式班级管理，从培训班主任开始

在第 36 个教师节到来之际，习近平总书记向全国广大教师和教育工作者致以节日的祝福，希望教师不忘立德树人初心，牢记为党育人、为国育才使命，积极探索新时代教育教学方法，不断提升教书育人本领，为培养德智体美劳全面发展的社会主义建设者和接班人作出新的更大贡献。本成果以"点灯"式班级管理策略的形式，以"立德树人"构建学生积极人生价值观，通过讲座培训，让班主任从理念上先有初步的认识，再使用"点灯"式班级管理模式，通过个案跟踪对新教师进行帮扶。

2. 实施"点灯"式班级管理改革，探索班级创新管理模式

随着研究的深入以及成果的不断推广，我们在培养学生的学习习惯和幸福能力等方面更加明确。如何实施"点灯"式班级管理改革，推动成果提高到一个创新的管理模式？我们利用外出培训学习的机会，虚心向各专家请教，李季、殷丽萍、邝丽湛等专家都曾经面对面地对本成果进行了指导，促进研究更顺利地进行，"点灯"式班级管理模式在逐步成熟。

3. "点灯"式班级管理模式的定型

此阶段主要是理论的提炼和成果的整合。对传统班级管理方式和"点灯"式班级管理模式进行对比评估，提炼"点灯"式班级管理模式的相关理论及其在班级管理中的优势。为了更好地落实"立德树人"的教育使命，从学科融合育人的高度，以"新""奇""趣""美"的"点灯"式班级管理实验，以学生的"心灵"擦亮为突破口，从学生自身优良行为的锁定，促进核心价值素养的形成，形成了适应于不同学段的"三借"高效育人模式：①借经典故事："叙事德育"的情景感染模式；②借良好行为："扬长避短"的行为锁定模式；③借约定目标："唯美向往"的目标驱动模式。

4. "点灯"式班级管理模式的推广

（1）已在本镇广泛运用。本成果已在珠玑镇班主任培训活动中，以"讲座

分享＋课堂渗透＋论文分享"的形式向全镇班主任推广。2017 年 9 月，由徐丽华牵头成立了"'点灯'式班级管理教育研究联盟"，在构建"幸福教育"理念的大旗下，珠玑镇中心小学、珠玑镇里东八一爱民学校、珠玑镇梅岭小学的班主任们常常聚在一起，分享、交流和互鉴，确保更好地推进成果落到实处。

（2）加强市内推广。自 2018 年成果正式成型，我们连续四年以专题讲座的形式，面对不同的教师群体，向全市中小学班主任推广：2018 年 6 月南雄市首届班主任工作论坛、2019 年 8 月底新教师岗前培训、2020 年 12 月韶关市李华名班主任工作室结业汇报会、2021 年 5 月南雄市第三届班主任工作论坛。2021 年 6 月，南雄市永康路实验学校发来邀请函，邀请我们 7 月 8 日到该校进行成果推广。除了讲座分享，我们还以课堂渗透的形式，进行对外推广，如刘晓芬老师在南雄市 2019 年小学语文教师阅读教学比赛中荣获一等奖；2021 年 5 月潘余香老师以心理健康活动课的形式向全市推广，获南雄市一等奖。目前，在田春英老师的牵线搭桥下，成果已经初步形成了以区域教研创新促进区域教育均衡的发展模式。

（3）在全国平台交流和推广。2020 年 11 月，李红秀老师在山东省参加教育部"国培计划（2020）——骨干班主任教师培训项目研修（培训）"中，向与会专家、同行推介本模式的研究成果与最新进展，得到了专家教授的高度赞赏，吸引了多所省内外学校参与实验，其中广东省惠州市南坛小学鼎峰分校成果推广带队老师彭燕媚、辽宁省盘锦市双台子区辽化小学成果推广带队老师孙福宁一直与我们保持紧密联系，随时沟通实践进程，不断改进。

（4）向社会推广。2020 年 10 月 22 日上午，南雄市界址镇马芫村新时代文明实践站举办百姓宣讲志愿服务活动，邀请李红秀老师做《做一个懂孩子的家长》专题讲座。该讲座第一次将"点灯"式班级管理理念融入家庭教育中向社会推广，改变了家长训斥的教育方式，让家长学会运用同理心去与孩子沟通，以孩子良好的行为去点亮孩子的心灵，产生了一定的社会效应。在后来的百姓点单中，李红秀老师的课多次被老百姓亲点，因为疫情缘故，现场宣讲暂停，我们尝试通过网络视频录播和网络授课的形式进行宣讲推广。

## 四、成果创新点

四年来，幸福育人的"点灯"式班级自主管理模式经过反复实证研究和滚动发展，内涵不断丰富，创新成效不断凸显。

（一）分级经典故事与中国传统文化灵活穿插，构建"点灯育人"创新阅读课程

本成果以"三每活动"的方式推进读书活动，即每月师生共读一本书、每月召开一场读书会、每学一篇课文附学一句论语（假期换为：每日背诵一首古诗词）。每月共读书目，选择教育部推荐的九年义务教育分年级必读书籍，让《草房子》《窗边的小豆豆》等符合儿童心理特点的故事，成为学生的心理容器，引导学生构建积极的人生价值观。如此，通过分级经典故事与中国传统文化灵活穿插，构建"点灯育人，诗意管理"创新阅读课程，创新阅读方式。

（二）"班级美称号"与"产权专利号"两号联手，推进"点灯"式班级管理自治创新理念

我们从班级与学科融合育人的高度，运用斯金纳的强化原理，以"新""奇""趣""美"的"两号点灯"法，唤醒学生自我点亮。"新"，即根据学生日常偶发的新行为，赐予新称号，如斌主动帮助同学做值日，于是赐名"热心斌"；对集体称呼赐予新名称，如变称呼"同学们"为"二宝们"，变"我们班"为"我们这个大家庭"，以充满爱的新称号，营造相亲相爱一家人的班家氛围。"奇"，即对学生奇妙、奇特的良好学习方法或者学习习惯，赐予"产权专利号"，如发现靖默读很细心，感悟很细腻，则颁发"心细如发默读法"产权专利号，以"专利号"规范学生的行为。"趣"，即变枯燥无味的学习过程为盎然有趣的游戏，如"晨读明星共抢夺"，在晨读时间运用"专注琅琅读书法"读书的同学可以夺得当日的"晨读明星"称号，以趣调动学习积极性。"美"，即根据学生的美德，赐予相应的美称，如读书会论语分享"见贤思齐焉，见不贤而内自省也"，馨被认为是德才兼备的贤同学，大家一致赐予她"贤女馨"美称号。如此一来，人人都有美称号，人人都有专利号，以"美称号"代替学生名字，以"专利号"代替强调训斥，促进"两号"在班级语言中的传播与流通，构建班级语言美文化，促进学生向美而生。在"点灯"式班级管理下，班主任的关注点自然而然会由"分数关注"转变"心灵启亮"，从而推进"幸福点灯"创新融合育人模式。

（三）"班级银行"与"升级游戏"巧结合，形成"诗意管理"的赛跑能量场

将经济学引入班级管理，设立班级银行，以"工资＋奖金＋罚款"的形式

推行。同时引进教育家程鸿勋的阶梯式学习法理念，以银行财富的积累设置阶梯升级游戏，即"小种子—小苗苗—叶片儿—小树—大树"。鼓励水平相当的学生两两形成对子关系，比赛升级，赚取班币若干个为一级，制定孩子结队努力往上爬级的竞争机制，创设趣味盎然的阶梯升级表。将升级表挂在课室墙上，将标有学号数字的圆形棋子（学号数字棋子，是为了方便循环使用）贴在相应的格子中，学生赚够一定的班币，棋子则代表学生往上移动一级，谁达到了多少级，一目了然，形成你追我赶的升级氛围，形成"自主成长"的赛跑能量场。

## 五、成果应用及效果

经过四年来对本成果的深化研究和推广应用，通过反复实践与研讨活动，"点灯"式班级管理趋向成熟，形成了通过区域教育教研创新促进区域教育均衡的发展模式。

### （一）区域联动、以点带面，构建本镇幸福教育创新模式

自 2016 年 8 月以来，李红秀老师倚靠广东省名班主任的培养迅速成长，带领团队老师，以点带面，大胆实施"点灯育人 诗意管理"教育成果策略。本成果的运用，能很好地营造"班家"氛围，让老师在最短时间里成为一个学生喜欢、佩服的老师，让学生对班级产生亲切感和归属感。李红秀老师曾经接手多个老师眼中的"差乱班"，在"点灯"式班级管理下，学生一个月后变得积极、进取、乐观，一学年内，各类素质检测考试，平均分、及格率、优秀率从全镇排名垫底一跃名列前茅，实现了"教师幸福地教，儿童幸福地学，学校教育的幸福投射到家庭弥漫到社区，促进社会的和谐与幸福"。如学生"巧手琳"在习作中写道："一年级到四年级，我一直生活在痛苦之中，学习成绩差，无心向学，是李老师改变了我，让我变成了今天这个快乐的、爱学习的自己……"如学生"抒情祯"写道："我特别喜欢这个称号，每次老师同学赞我不愧为'抒情祯'时，我感到无比骄傲！称号，让我不断地超越了自己！"如班长"贤女馨"写道："李老师给了我自信，让我变成一颗耀眼的明星……"同时，成果推广四年来，学生荣获省、市各荣誉共 68 项，其中叶翔获"广东新时代好少年""最美韶关少年""韶关新时代好少年"称号，钟炳均获"最美南粤少年"称号等；共有 20 名学生在作文、朗诵等比赛中获奖。

"点灯"式班级管理实现了"教师幸福地教，儿童幸福地学，教学效果显

著"的目标，因而迅速受到了班主任们的关注，他们纷纷参与实践。2017年9月李红秀老师开始在全镇大小培训会上对班主任进行培训，并由徐丽华老师牵头成立了"'点灯'式班级管理教育研究联盟"，帮助本镇区域班主任们摆脱自身独立成长与发展的困境。自从"点灯"式班级管理在本镇推行以来，实践班均呈现了"活泼、紧张、进取"的良好班风，2020—2021学年第一学期期末素质考试优秀率、及格率、平均分稳步上升，由原来在市区域学校的中下水平上升到了中上水平。2020年1月，我校顺利被评为"韶关市文明校园"，李红秀老师被评为"广东省名班主任""韶关市最美乡村教师"等，并被南雄市教育局列为"专家库"里的专家老师，被韶关市教育局聘为"韶关市第四批名班主任指导老师"，被多个名班主任工作室聘为指导专家。其他班主任，也在实践中不断成长，其中李光凤等3名老师被评为"南雄市名班主任"；徐丽华等3人被评为"南雄市名师"或"学科带头人"；刘晓芬等15人获"韶关市优秀老师"和"南雄市优秀老师"；共21篇相关论文获奖或发表；2018年6月，我校六（1）班被评为韶关市少先队"先进中队"；2020学年，我校402中队被评为南雄市少先队"先进中队"，等等。

### （二）巧借平台，辐射推广，提升了市内外实践学校办学质量

依托南雄市中小学班主任工作论坛平台、韶关市（南雄市）名班主任工作室平台、南雄市新教师岗前培训活动，借助山东省齐鲁师范学院承办的教育部"国培计划（2020）——骨干班主任教师培训项目研修（培训）"平台，以专题讲座形式，共6次进行成果专题推广。据跟踪调查，本成果推广讲座当天，总有老师在朋友圈中分享，例如坪田中学刘井凤老师晒出讲座图片并配文：见贤思齐——最喜欢的讲座！可见本成果不仅适用于小学，给中学班主任也带来了很大启发。"'点灯'式班级管理模式很创新很实用"是班主任们对本成果的共同评价，目前已有多所学校邀请团队老师到校进行成果推广。李红秀老师在多次成果推广过程中，不仅树立了信心，创建良好的区域德育教研氛围，而且带动了南雄市乃至全国各省学校更广泛的区域班主任的成长与发展，丰富学校的办学特色。据不完全统计，自成果推广以来，南雄市参与实践的学校共15所，南雄市外参与实践的学校共13所。国培计划（2020）期间，有2所学校与我们保持联系，并发来了反馈：一所是惠州市南坛小学鼎峰分校，全校56个班，共有50个班主任运用了本成果，这些实践学校实践班级均呈现了"活泼、紧张、进取"的良

好班风，学生增强了学习的信心，学习成绩有了明显的提升；另外一所是辽宁省盘锦市双台子区辽化小学，他们也表示本成果能有效地激发学生学习兴趣，提升学习成绩，该校 45 个班，原来只有 20 个班平均分超过区域平均分，现在有 43 个班超过区域平均分，提升效果明显。

### （三）积极乐观、阳光奋发，树立了社区幸福教育人生观

在四年来的实践中，实践班级成为学生幸福的发源地，学生学习成绩稳步提升，学生幸福感染着每一个家长，该种教育方式赢得了家长对学校的支持与赞誉。偶有教育迷茫的家长，与孩子发生冲突，向老师寻求对策；也有家长发现孩子变化大，致电感谢老师，并探求变化背后的教育妙方。本成果教育理念顺理成章深入家庭，影响着整个社区，构建了"小手牵大手，幸福一起走"的教育局面，促进文明社区的形成。

另外，团队通过"百姓宣讲志愿服务"的宣讲活动，扩大了本成果的影响力，不断深入南雄偏远社区，逐步建立社区百姓自身成长发展所需的自信，朝着目标方向不断迈步，形成了"温馨关爱、乐于奉献、正大永恒"的核心价值。在与家长进行沟通时，有家长谈及"幸福教育"理念时，对教育提出了"带着孩子怀大爱之心，从小事做起"的新观点，主张开展"美德善行靠积累"等活动；还有家长提出"教育是面对鲜活生命的神圣使命，教育要对生命发展负责"的幸福教育主张，这显示了本成果理念深入人心，帮助家长树立了社区幸福教育人生观。

## 六、反思与展望

本成果从本镇推广到全国，历经四年，任务的达成超出预期，同时反思不足，畅想未来，我们将继续孜孜不倦地探寻与推广。

### （一）开展"点灯育人，诗意管理"课程开发

本成果推广过程中，"五灯策略"与"三借模式"普遍受到班主任们的喜爱，他们争相在实践中运用。但不少班主任在实践中存在不少疑惑，致使后期的释疑工作量比较大，开发拿之即用的课程、将成果课程化，将是我们未来探究的方向。

### （二）进行"成果自荐，区域突破"，扩大影响

目前的推广均来自上级安排和其他学校的邀请，且能承担对外推广工作的教师少，未来将注重团队班主任推广能力的培训，注重对外学校的调查摸底，通过"成果自荐"的方式，扩大成果的推广面，力争达到区域突破。

（本文为2021年广东省韶关市中小学基础教育教学成果奖申请报告，获得该次评比一等奖第一名）

# 基于幸福教育的"点灯"式班级管理探索

幸福教育，是以培养人的幸福情感为目的，增强师生"体验幸福、创造幸福、给予幸福"能力的教育。① 经调查发现：当下小学生幸福指数偏低，许多孩子无心向学，行为的偏差常常受到指责。究其原因，更多的不是智商跟不上，而是缺少学习兴趣与动力。出现这一系列问题，迫切需要教师对学生身心发展进行有效点拨引导。因此，我近年来，从学生心理需求着手，实施"点灯"式班级管理。通过班级管理策略的转换，点亮学生的心灯，激发学生的内驱力，实施幸福教育，立德树人。

## 一、什么是"点灯"式班级管理

"点灯"，是教师启亮学生思想的一种形象比喻，当学生的一些困惑或迷茫得到教师的点拨而豁然开朗时，其被遮蔽的心灵便会像灯盏被点着一样亮堂起来。"点灯"是教师施教行为中的理性启蒙，是对学生思维及其心灵的一切"启亮"教育手段。②由一系列"启亮"为手段的教育策略构建的班级管理，笔者称为"点灯"式班级管理。这不是一个简单的管理措施，而是一套完整的管理策略，且是随着学情不断"进化"的。

---

① 内尔·诺丁斯. 幸福与教育［M］. 龙宝新，译. 北京：教育科学出版社，2009.
② 胡银根，胡楚芳. "点灯"教育教师承担的必要责任［J］. 大学教育科学，2011（4）：60–63，68.

## 二、"点灯"式班级管理基本策略

### （一）寄以期望，点亮自信心灯

教师对学生寄于高期望，引导、暗示学生走向成功的案例，古今皆有。欧阳修在《胥氏夫人墓志铭》中写到自己被第一位老师胥偃赞赏："子当有名于世！"这是欧阳修初次涉足文坛，带着文章到汉阳向胥偃请教时，胥偃读后的评价。后来，欧阳修在很多文章中都提及，正是这个评价让他信心十足，发奋努力，这才成就了今天世人皆知的欧阳修。

"子当有名于世"这个评价，对欧阳修有心理暗示定性导向作用，引导欧阳修朝着预期方向发展。据此，我接手新班，第一次与学生见面时，总会以"实验班"概念向学生宣布：班里同学，不是自信上进的优秀学生，就是最具有进步能量的潜力学生！在学生心里点燃一束希望之光；同时留心观察，挨个找学生谈心，告诉他，哪个行为，老师看到了什么品质，你将来一定可以成为怎样的人，并与之签下"目标约定"，以目标引领学生前行。

无论是"实验班"，还是"目标约定"，都是对学生实施预言的心理暗示定性导向，让学生朝着更高的期望值奋发努力。初始学生常常会质疑，需要日后不断用具体事例，进行加深巩固，渐渐让他们坚信不疑。例如新接手的五（2）班，我刚宣布完"实验班"，进行座位调整，要把高个儿男生伟调整到最后一排时，他却不配合。这时课室里四面八方响起了对他的控诉，并对"实验班"提出质疑：校长一定选错了人！正巧，这个孩子曾帮我搬书上楼，我抓住他的热情，告诉他我坚信他将会是我的好帮手。在我的坚信之下，伟迅速地收拾书包，到指定位置坐下来。果然在短短的时间里，他成了我的好帮手。如此，通过一件件小事，让"实验班"和"目标"植入学生心灵，从而成为学生行为的定性导向，点亮学生自信之灯。

### （二）赐予桂冠，点亮前行路灯

美国教育家丽塔·皮尔逊说："每个孩子都需要一顶桂冠。"美国机能主义心理学先驱 W. 詹姆斯在《心理学原理》（1890）一书中提出了一个自尊公式：自尊＝成功/抱负。意思是说：自尊取决于成功，还取决于获得的成功对个体的意义，增大成功和减小抱负都可以获得高的自尊。我抓住学生偶然的成功，赐予一顶桂冠，激活其自尊，点亮前行的路灯，让其朝着桂冠的方向迈步。

初次接触坤，我在他作文《独特的我》中读到这么一段话："每次测验考试，都二三十分，不过我觉得无所谓！我喜欢做一些恶作剧捉弄同学，听见'哇哇'的大叫声，我会得意地躲起来偷笑！成绩差又怎样？传家长来又怎样？我还是我，一个独特的我。"坤把捉弄他人当作一种成功体验，于是走向了偏途。要把他从偏途中引导过来，需要给他更大的成功体验刺激。在一次生字听写竞赛中，他获得了100分，我抓住机会进行表扬，赞他进步速度快，堪比冲天的火箭，于是美其名"火箭手"。"火箭手"成为坤头顶上的桂冠，很快被同学们喊开了。紧接着，我找他谈心，与他签订"目标约定"，并相信他一定能实现，激发深藏其心底的抱负，促使他产生更多的"火箭"进步行为，成为一名真正的"火箭手"。

心理学家斯金纳的操作性条件反射理论认为，人的后天行为大都不是由已知刺激引起的，而是由偶然行为的结果所支配的。其中，受到强化的行为往往得以保留，没有受到强化的行为往往消失。[①] 因此，系统地、有选择地强化某种行为，就能纠正个体的不良行为或人格特征。类似"火箭手"，教师在日常教育教学中，通过仔细观察，发现学生行为中的优点、美德，及时表扬，善于概括，把行为体现出的美德用一个称号定格下来，成为戴在孩子头上的一项桂冠。对早起到校晨读且声音洪亮的学生赐名"百灵鸟"；对善于调解同学矛盾的学生赐名"大法官"；对热爱班级、细心工作的同学赐名"大管家"等。行为是会传染的，很快学生也参与了观察与赐名，没多久，几乎全班同学都拥有了自己的美称桂冠，代替名字在班中流行，每次被同学喊叫，都是一次良好行为的强化，最后内化成品质。

### （三）颁发专利，点亮潜能明灯

按马斯洛的需求理论，人有生理、安全、爱、自尊、自我实现的需求。需求层次理论有两个基本出发点：一是人人都有需要；二是在多种需要未满足前，首先满足迫切需要，该需要满足后，后面的需要才显示出其激励作用。

当学生偶然间展示出的优点、美德被贴上标签称号，被反复提醒时，他就会

---

① 蔡涛. 人人手中的斯金纳箱：操作性条件反射在手机界面设计中的作用［J］. 艺术与设计（理论），2017，2（3）：87 - 89.

作出自我行为的调整管理；当学生的智力劳动创作出成果，教师要及时捕捉，并颁发"知识产权"证书，让学生站上"创造发明"的领奖台，创设"自尊、自我实现"需求体验，激活学生潜能。如：默读课文时，小乔同学圈圈点点，做了很多批注，我表扬他读书时"心细如发"，于是"心细如发默读法"成为小乔同学的专利，从此在班里推行开。如此，小红的生字识记"闭眼心看法"，小李的作文开头"声音切入法"，小江的"点石成金朗读法"等，众多学生获得了属于自己的"知识产权"，也有越来越多的方法、妙招被推行。课室里一声声独有的班级语言在流行，一道道独有的光芒在闪烁，一份份独有的力量在涌动。

　　"点灯"式班级管理策略，是基于赞赏理念的教育践行，是塑造幸福教育的良方，值得我们每一位教育者不断去实践探索。

# "点灯"式班级管理量化细则

## 总　则

**班主任管理理念：**班级运行向美而生，以"立德树人、幸福教育"为使命，以孩子"心灵擦亮"为突破口，旨在唤醒与激励、发现与成全，做一名"点灯人"，给孩子以光亮，让班级成为孩子精神成长的家园。

**班级精神：**自信、自立、励志、合作、竞争。

## 第一章：班级管理机构

班级管理与运行向美而生，班里所有岗位，由学生申请，经投票后选任，并根据岗位职责特点，给予岗位美称。

**助班：**即班长，美名曰"班主任助理"，简称"助班"，前面带上姓氏，如"肖助班"。助班是班级代表，当班主任不在场时，代替班主任管理班级。对外代表班级，维护班级荣誉；对内起管理表率作用；关心同学学习生活。

**大法官：**即副班长，负责班级纪律工作和量化管理奖罚工作，跟踪奖罚行为的落实，定期公布量化奖罚情况。

**大管家：**即劳卫委员，开学初始需构建"班家"概念，大管家负责班级大家庭里所有的杂务事，负责劳动和卫生工作，做好日常卫生扫除以及大型劳动的分工和检查工作。

**科助手：**即各学科老师的助手，"姓氏＋学科＋助手"就是该生的称呼，如"谢语助、李数助"。科助手负责完成各科教师布置的任务，协助老师检查作业的完成情况，并做好记录。科助手由该科成绩优秀、有责任心的同学担任。

**司令官：**即体育委员，负责队形队列。队形队列要求向军队士兵学习，训练出雄赳赳气昂昂的气势。司令官还需负责班级体育工作，协助班主任组织队员参加体育活动。

**内务总管：** 即生活委员，负责就餐纪律。

**文艺委员：**（学生普遍认同文艺委员的称呼，暂时没有更好的名称代替）文艺委员负责班级文艺工作。

**宣传委员：**（学生普遍认同宣传委员的称呼，暂时没有更好的名称代替）宣传委员负责班级宣传工作，督促板报小组出好黑板报和手抄报。

**组长：** 是小组的代表，前面加上姓氏，就是该生的称呼，是班级小组事物的组织者和管理者，执行班主任和班委布置传达的任务。

## 第二章：班级语言文化构建

班级语言文化向美而生，能美尽美。

**美称号：** 开学初始即发动所有学生携手观察，互相发现同伴的优点，以优点给班里每位同学起一个美称号，以美称号为昵称，代替名字在班里流传。如：贤女馨、巧手丹、三美娟（作文美、绘画美、字体美）、作家李、贴心军、谢才子、画家邓、概括专家、用词高手、预习先锋、高百灵、朗诵能手、飞天火箭手（进步特别快的学生）、智多星、高速英子、小棉袄等。

**美专利：** 根据学生随机生成的美好行为和良好学习习惯，颁发知识产权证书，以专利美号的形式在班里推行，实现"锁住美，传递美"。如：雨祥版阅读法、心细如发默读法、眼疾手快听课法、雨萱作文声音开头法、有理有据回答法、点字成金读书法、闭眼心看记字法、美馨版组词笔记等。

## 第三章：设立班级银行，构建竞争机制

将经济学引入班级管理，设立班级银行和银行董事管理小组，以"工资＋奖金＋罚款"的形式推行。同时引进教育家程鸿勋的阶梯式学习法理念，以班币财富的积累设置阶梯升级游戏，即"小种子—小苗苗—叶片儿—小树—大树"，全程引导美德的形成，期末升上大树的学生被评为"校园之星"。赚的班币，不仅可以用来升级，还可以购买商品。商品分为虚拟商品和实体商品。

虚拟商品，根据学生的心理尽量多样，例如：租一个星期的座位（500个班币），当然也可以买座位，但是价格昂贵（2 000个班币）；买一天不写作业

（200 个班币）；付钱请同学帮忙扫地（200 个班币）；提前达到财富目标，约老师谈心（该项目不用付款），等等，抓住学生的心理，多出花样。

实体商品，则是期末开拍卖会。大家都带上家里的闲置物品，在拍卖会上进行拍卖，老师和学校也会准备一部分商品进行拍卖。

### （一）奖励制度

（1）每人每周底薪为 50 个班币，获得文明班则翻倍为 100 个班币。按财富积累，设立升级游戏，越往上升，难度不断加大，具体规则为：财富满 300 个班币，升为小苗苗；财富满 700 个班币，升为叶片儿；财富满 1 200 个班币，升为小树；财富满 2 000 个班币，升为大树。

（2）每次单元过关考试，设立目标分，达标者奖励 50 个班币。期中、期末考试，年级前 10 名者奖励 100 个班币，第 11~30 名奖励 80 个班币，原来没有进入前 30 名，后进入者加 100 个班币。

（3）"一帮一"师徒结对，前进者加分，测验按进步分计算，每前进 5 分师徒各奖励 50 个班币。

（4）晨读和午读，评上"晨读明星"的同学奖励 10 个班币。读书的准确方式，在平时训练好，相隔两个位置外依然可以听到声音，才算响亮；要求专注读，即手指点着字，眼睛不飘忽，这样的读书方法就叫作"响亮而专注的读书法"。采用了"响亮而专注的读书法"晨读的同学，被评为当日的"晨读明星"，奖励 10 个班币。

（5）在学习课文当日，背完需要背诵的内容，奖励 20 个班币。

（6）把劳动地分成三个区域，由大管家指挥三名负责人带领劳动实践，率先完成的奖励 30 个班币，完成后帮助了别的区域，并提前把卫生全部搞完的，再奖励 20 个班币。

（7）主动借文具等物品给同学者奖励 20 个班币；为班级赢得荣誉者奖励 50 个班币。

（8）被学校集会或者广播表扬者，奖励 50 个班币。

（9）黑板报、手抄报获得年级前 3 名奖励 50 个班币。

（10）参加学校组织的活动，如运动会、歌唱赛、书画赛及各科竞赛等，获个人一、二等奖的分别奖励 100 个、80 个班币；获集体一、二等奖的每个人分别奖励 100 个、80 个班币。

### （二）罚款制度

（1）晨读、午读被小老师记名不认真者，罚 20 个班币。罚单任务：在课间到大法官处大声读指定课文 10 遍。

（2）抄袭作业者，抄者与被抄者分别扣 50 个班币。罚单任务：需要重新做另外的等量题目。作业不按时完成者罚 20 个班币，经科助手催促依然交不上，罚 50 个班币。罚单任务：在课间 2 倍补做作业。

（3）在教室内乱扔果皮、纸团、瓜子皮、饮料袋，随地吐痰者，一次扣 50 个班币。罚单任务：大管家根据情况派任务。

（4）日常值日或卫生大扫除，无故不做工作的扣 50 个班币，不服从安排者每次扣 20 个班币。罚单任务：大管家根据情况派任务。

（5）讲桌整理不及时，黑板不及时擦或没擦干净，每次扣 10 个班币。罚单任务：用湿布把讲桌里里外外清洗一遍，并整理好。

（6）卫生工具摆放不整齐的、垃圾桶不及时倒的扣 20 个班币。罚单任务：代替大管家监督课室卫生一周。

（7）不按时到校，迟到一次扣 10 个班币，不请假扣 50 个班币，请假一天扣 10 个班币。罚单任务：大法官根据情况派任务。

（8）上课不认真听讲或被老师点名批评扣 20 个班币。（睡觉的、说话的、回头等）罚单任务：科助手根据情况派任务。

（9）骂人、说脏话一次扣 20 个班币，打架扣 100 个班币，先动手者扣 200 个班币。罚单任务：写一封 500 字的道歉书。

（10）给别人起不良绰号扣 50 个班币。罚单任务：想法子给该同学取一个好听的美称，且负责推广出去，消除不良绰号影响，直到该同学满意为止。

（11）无故不参加"两操"者扣 50 个班币，队形队列不齐者扣 20 个班币。罚单任务：标准地做体操 5 遍，司令官监督完成。

（12）自习违纪者扣 50 个班币，上课起哄或无理顶撞老师者扣 100 个班币。罚单任务：停上一节该生最喜欢的课，利用停课时间写一封 500 字以上的道歉书。

（13）组长工作不认真负责，延误了学习委员作业统计的，扣 30 个班币；多次不负责，学习委员可自行换人担任组长。

（14）放学排队到食堂打饭应相互谦让，排队时任何同学不得超越领队同学，不可以拥挤；吃饭时，文明就餐，适量拿取，不浪费粮食，吃完饭后需擦干净桌子，检查桌底下是否干净，然后把盘子放入指定地方，违纪者每次扣30个班币。罚单任务：陪伴内务总管一起做就餐的检查包尾工作一周。

（15）带零食到学校吃者和向楼下扔东西者扣50个班币。罚单任务：做校园文明监督员一周，即负责某个区域的保洁工作。

本解释权归本班班主任所有。本条例自公布起实施。细则可根据本班实际情况不断增加调整。

# "点灯"式班级管理之进阶表的使用说明

## ——以南雄市珠玑镇中心小学日常管理为例

　　进阶表体现了逐阶成长的过程，从要别人浇水施肥的小种子，成长为能给人们带来阴凉、能为人们遮风挡雨、能美化环境的大树。进阶学习理念来源于教育专家程鸿勋的阶梯式学习法，概念升级来源于趣味性浓厚的网络游戏。

　　进阶表需要和评比栏的红花相结合来使用，为了让红花富有生命力，评比栏被赋予美名"班级银行"（班级银行管理理念来自书籍《第56号教室的奇迹》）。不同颜色的花代表不同金额的钱币，以"工资＋奖金＋罚款"的制度推行。比如每周工资设立为50个班币，获评文明班则工资翻倍，工资数字写在每个孩子名字下面；奖金则发现金，所谓现金就是各种颜色的花。罚款即减去数额，比如罚款20个，即在周赚表中该孩子名字栏里写"－20"，一周累积赚多少班币，在班级银行中累积统计。工资、奖金和罚款的数额，可以根据班级情况定，具体操作则由班长（即银行行长）带领几个部门的负责人负责。例如谁没有交作业需要扣班币，由负责作业的学习委员去扣；谁晨读读得特别响亮特别认真，被评上了"晨读明星"，由晨读小老师为晨读明星发奖金；谁午休讲话了，则由值日小老师向该同学罚款。

　　当财富达到一定数量时，便可以由小种子，升级为小苗苗。若是能力强的孩子，积累了300个班币，便升级一个等次；能力弱的孩子，就降低要求，积累200个就可以升级。从小苗苗升级到叶片儿，需要再积累400个，达到700个才可以进阶，以此类推，逐渐加大难度。若升级后，被罚款了，便要降回原级。升级过程中，让学生师徒结对，徒弟奖罚，师父同奖罚；同时让每个学生找一个相仿的对手，进行进阶比赛，谁的徒弟赢了对手，率先进阶，师徒都奖励100个班币。

赚的班币，不仅可以用来升级，还可以购买商品。商品分为虚拟商品和实体商品。虚拟商品根据学生的心理尽量多样化，例如租一个星期的座位（500个班币），当然也可以买座位，但是价格昂贵（2 000个班币）；买一天不写作业；付钱请同学帮忙扫地；如提前达到财富目标，可约老师谈心（该项目不用付款），等等，抓住学生的心理，多出花样。

在期末，则举行拍卖会。大家都带上家里的闲置物品，在拍卖会上进行拍卖，老师也会准备一些商品进行拍卖。下面，以本校一天的日常操作为例，进行说明。

**晨读：**读书的准确方式，在平时训练好，声音相隔两个位置依然可以听到，才算响亮；要求专注读，即手指点着字，眼睛不飘忽，这样的读书方法就叫作"响亮而专注的读书法"，采用了"响亮而专注的读书法"晨读的同学被评为当日的"晨读明星"，奖励10个班币。语文生字词、英语单词等短词短语类，采用对读，即男生读一句，女生读一句，哪边洪亮，给哪边画上小红旗，晨读结束后夺得红旗多的一边为胜利组，全组奖励10个班币。

值日晨读小老师7点30分到达学校，在黑板中写上"晨读明星"和"播音员"，写完便开始指挥晨读。发现使用了"响亮而专注的读书法"的同学，则把其名字写到"晨读明星"栏；发现读书不够响亮的，或者不读书的同学，给予警告，警告后无效，则把他的名字写在"播音员"栏。获得当日"晨读明星"的孩子，奖励10个班币；被记名到播音员栏的，则罚款20个班币，还需要到指定班干部那里利用下课时间把当天读书内容读10遍。

**打扫包干区：**值日的同学，要求7点30分前必须到达学校进行包干区的打扫工作，迟到5分钟，罚款20个班币。包干区的总负责人，赐予一个好听的名字"大管家"，同时把三名学科考试都及格的同学，赐名为"管家助手"，这三名同学每天都要去包干区指挥。把包干区分成三个区域，率先完成的奖励30个班币；完成后帮助了别的区域，能在7点45分把卫生全部搞完的，再奖励20个班币；7点50分没有扫完，则罚款30个班币。这项工作由大管家负责。

**午休：**午休时间，打了第二遍铃后，人没到座位上算迟到，迟到者罚20个班币。违反午休纪律，被值日小老师记名到黑板上，罚50个班币。那些比较淘气的孩子被记名后，如果他保证不再违反纪律并保持安静写作业，则可以把黑板上的名字去掉。

**课室卫生：**课室垃圾桶平时是盖着的，要求学生每人准备一个小塑料袋，自己的垃圾不能丢垃圾桶，而是用塑料袋装着，下午第二节课下课时，大管家喊一声：开桶啦！便可以把塑料袋的垃圾倒入桶中，等扫地完毕后一并提出去倒。同时，给每个座位划分清洁负责区域，谁负责的区域中发现垃圾，罚款 20 个班币。

**红领巾管理：**首先要求书包里备一条红领巾，没有戴好红领巾的同学不能进课室，忘记戴红领巾可以向同学租红领巾，租一次红领巾 20 个班币。

**作业管理：**师徒结对，徒弟不交作业，古诗词等掌握不过关的，师父同罚。晚上做完作业将本子夹在语文书中，早晨进入课室首先是交作业；中午作业，午休下课铃响，须交完作业方可离开座位。没有按时交作业的，罚 20 个班币，组长催了仍然交不上来的罚 50 个班币。罚款名单与金额，由组长交给学习委员，学习委员统一在"银行"扣款。

各方案可以根据本班具体情况，灵活调整，师生一起探讨。

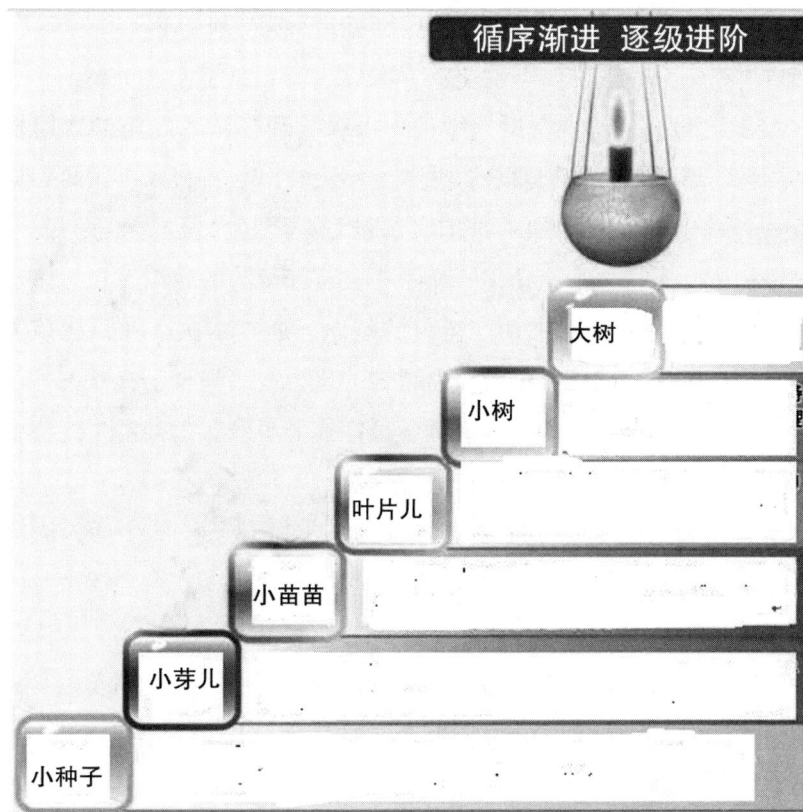

图 1　进阶表

# "点灯"式班级管理之拍卖会的实施方案

## ——以南雄市珠玑镇中心小学五（2）班"期末拍卖会"为例

**活动内容：**期末拍卖会，用本学期所赚的班币拍卖物品

**活动地点：**五（2）班课室

**活动时间：**1月13日下午14：20—16：30

**活动目标：**

（1）与本学期班级管理制度相呼应，班级管理中渗入经济学理财概念，以班币制度运行，通过期末的拍卖会，让孩子体会付出与收获成正比的感觉。

（2）引导孩子初步接触和了解拍卖的过程，坚持公平、公正、公开的拍卖原则，一锤定音，不得反悔，让孩子从小树立遵守契约的意识。

（3）让孩子了解价格的波动与竞价的概念；通过本次活动，让孩子学到买卖交换和交易等概念；孩子用平时努力得来的班币竞买到自己喜欢的物品，从中体会努力的成果、努力的不易，体会到父母挣钱的艰辛、金钱的来之不易，体会通过自己的努力换取金钱的幸福感。

（4）锻炼语言表达能力，培养合作能力，丰富孩子校园生活，激活深层体验，为语文学习积累素材。

**活动规则：**

本学期赚取了200个班币的同学，方可以参与活动；商品拍卖以各商品的底价起拍，每次竞价加20个班币，价高者获得该商品；拍卖过程中，不得喧哗，喧哗者将会被请出会场。

**活动准备：**

（1）由4～5人自由组合成拍卖小组，选好小组长，并给小组取个好听又有意义的名字，指定一人上台负责介绍，并将名字报到班长处。

（2）每组准备好商品，可以是自己看完的书、自己制作的手工艺品、玩具、新买的物品等，拍卖品不在乎新旧，可以通过解说凸显商品的意义，以吸引同学竞拍。

（3）给竞拍的每件商品制作标识牌，标上名称和价格，并且给每一件商品写一份说明书和推销词。

（4）每组事前做好分工：推销员，负责推销商品，既可以指定一人承担，也可以由商品所属者承担；拍卖师，负责喊价格，一锤定音；记录员，负责记录每个商品卖出了多少钱，每组成员获得的班币是多少（需提前写好商品名与商品归属的同学名）；商品快递员，负责把卖出的商品送到竞拍成功者手中。

（5）任命钟××同学为拍卖会场的总设计师，设计好会场布置，按读书会的方法移好桌椅，每小组的同学坐在一起，在1月13日14点前完成。

（6）大家提前商议，决定本次活动的主持人，可以是两个主持人轮流主持，做到拍卖主持两不误；班长提前把老师准备的商品分配到每小组中，为拍卖做好准备。

（7）罗××同学收好会场用具：电脑展示画报（共两张，一张读书会、一张拍卖会）、拍卖小锤子。

（8）本次活动前安排简短的《城南旧事》读书会，每位同学带好《城南旧事》这本书，准备好读书会问答材料，获胜小组奖励50个班币。

（9）每人提前算好自己赚了多少钱，写在账单上。

**期末拍卖会账单**

| 姓名（本人名字） | 所赚总额 | 竞买商品用去金额 | 剩余金额 |
|---|---|---|---|
|  |  |  |  |
|  |  |  |  |

**活动流程：**

（1）班歌班舞暖场。

（2）请出本期活动主持人。

（3）《城南旧事》读书会。

（4）拍卖会各小组组长抽签决定出场拍卖顺序，以讲桌作为拍卖桌子。

（5）按抽签顺序进行拍卖，拍卖具体步骤如下：

①小组长介绍本组的名字以及名字的意义，例如：

大家下午好！我们是第一组出场的小组，我们组共由 4 人组成，名字叫（　　）。这个名字的意思是（　　）。

下面由×××同学介绍商品，欢迎出价竞买。

②开始介绍商品，读推销词推销商品，例如：

此商品是（　　），它可以（　　），此商品底价是（　　），欢迎大家出价竞买。

③拍卖师开始喊：

×××商品底价×××个班币，请大家出价竞买。

…… ……

100 一次，100 两次，100 三次！成交！请×××同学把商品送到他手中，并在他的账上减去 100 个班币。

④负责记录的同学记录下×××商品被×××出价×××个班币购买了。

**期末拍卖会竞拍登记表**

| 姓名（商品所属者） | 商品名字 | 底价 | 拍卖成交价 |
|---|---|---|---|
|  |  |  |  |
|  |  |  |  |
|  |  |  |  |
|  |  |  |  |

（6）班主任总结活动。

# "点灯"式班级管理激励法

## 一、公式激励法

激励学生，是做老师的必备技能，而且是教育教学全程都需要时刻准备运用的技能。怎样激励学生更有效？这是老师们一直努力探索的课题。

"点灯"式激励法，可以概括为一个非常实用的公式：激励 = 及时赞美 + 颁发专利 + 反馈闭环，下面结合我个人的学习与实践心得，谈谈这个激励公式如何使用。

### （一）及时赞美

每个人都需要赞美，未成年学生更需要及时赞美。

及时赞美，可以采取两种方式，第一种方式是表达感受。例如：每天早上学生都需要提前到校，值日的学生需要到负责的包干区打扫卫生，不值日的学生则到课室进行晨读，所以我每天上班首先会检查学生打扫情况和晨读情况，然后把检查情况给我带来的感受，第一时间分享给学生：

"你们琅琅的读书声，是世界上最美妙的音乐，谢谢同学们以这么美妙的音乐，开启了我新的一天！"

"今天老师特别开心，因为你们的晨读读得特别响亮、特别专注，受到了值日领导的称赞，谢谢同学们让老师一大早上班就受到了领导表扬。"

"今天扫地的同学是怎么做到的，那么快就完成了劳动实践任务，早早地撤回来读书，不愧是一支了不起的队伍，老师为你们的迅速行动而感到骄傲！"

如此，通过观察学生良好行为，并且将这种良好行为带来的感受及时跟学生表达分享，可以有效地促进师生情感的交流，帮助学生规范正确的行为。

及时赞美的第二种方式是美称激励法。在与学生日常相处时，通过仔细观察学生的言行举止，发现其行为的闪光之处，及时概括成一个闪光词汇，让这个闪光词汇成为该学生的班级美称。这个美称就是学生头上的一顶桂冠，以班级昵称的形式代替学生的名字在班里流传，这个桂冠将会把赞美效果无限扩大，引导学生朝着这个方向发展。

为什么一定要及时赞美呢？心理学家斯金纳的操作性条件反射说认为，人的后天行为大多都不是由已知刺激引起的，而是由偶然行为的结果所支配的，其中受到强化的行为往往得以保留，没有受到强化的行为往往消失。因此，有选择地强化某种行为，就能纠正个体的不良行为或人格特征；通过捕捉学生良好的行为，及时强化，从而促进美好品德的生成。

### （二）颁发专利

知识产权也称"知识所属权"，通常是指"权利人对其智力劳动所创作的成果和经营活动中的标记、信誉所依法享有的专有权利"。而这里的知识产权则指根据学生课堂表现，随机生成的具有创意的良好行为，或者学习妙方，老师及时捕捉下定义，并颁发知识产权证书，以产权的形式在班里推行，它是可复制、可推广、可优化的。

一提到帮学生提炼产权专利，老师们可能会心存疑惑：学生哪有什么创新的产权专利呢？

第一，学生自己通过学习或经验形成的方法，对于学生而言就算创新；第二，不必纠结创新，多关注学生通过这个方法得到的成长。

教师可以通过一些话术来引导学生行为达成产权专利，常用话术如下：

（1）我很好奇，你是怎么做到的？跟我说说，哦，这样的做法我们可以把它称为×××。

（2）你这样的学习方法真好，来，我们给这个学习方法取一个名字，叫什么名字好呢？

（3）你最近语文学习怎么进步这么大？能不能分享分享你的秘诀，让其他同学也跟你一样进步起来？我们可以把这个秘诀称为×××。

（4）我想请教你，以前遇到这种事的时候你都怎么处理的？

话术的结构是：提出一个问题，让学生自己去整理他的方法模型，然后教师陪着学生一起归纳，这个词就是该学生行为方法的产权专利。

通过产权专利法去激励学生，就是让学生看到自己有多好，并且把这种好传播出去。

我曾经被很多朋友激励过，被老师激励过，也许激励过我的那些人并不知道他们当时的话激励了我。有个学期，我们班拿下整个学期的文明班，而且学习成绩稳居第一，很多同事来咨询我，他们的问题主旨是：你是怎么管理学生的？坦白说，在他们问我之前，我压根不知道我有什么独特的方法，我一直以为自己的方式跟所有人都是一样的，大家无差别。但被他们询问后，我开始尝试跟大家分享我的方法，这才知道，原来我的方法和他们的不大一样，从而有了我的德育成果《基于幸福教育的"点灯"式班级管理研究与实践》。

### （三）反馈闭环

所谓反馈闭环，即学生提炼出他的方法专利之后，老师要给予反馈，也就是要想法子在班里进行推广。

反馈，是沟通训练者应该具备的基础修养，是我们对产权专利拥有者的尊重和最好的支持。

当然，我们应该把"凡事有回应"当成一种美德来修炼，老师给学生反馈时，也有一些简单的话术：

（1）请同学们在阅读过程中，采用××同学的方法进行阅读……

（2）听了你的方法，我也想要学学，来，你听听我的想法，看看对不……

（3）上次听你讲过之后，我分享给了其他同学，他们说……

（4）根据你的经验，我也尝试了……的改变，我发现……

真正的激励，是让学生感觉到"我的成长也帮助了别人成长"。打造反馈闭环的专利推行，就是为了让学生能够体验到这一点。

## 二、鲶鱼竞争激励法

以《寻找我的那条"鲶鱼"》为例。

### （一）故事导入

给孩子们讲"鲶鱼效应"的故事：

挪威人喜欢吃沙丁鱼，尤其是活鱼。市场上活沙丁鱼的价格要比死鱼高许多。所以渔民总是千方百计地尝试让沙丁鱼活着回到渔港。虽然经过种种努力，但绝大部分沙丁鱼还是在中途因窒息而死亡。有一条渔船却总能让大部分沙丁鱼活着回到渔港。

老渔夫严格保守着秘密，直到他去世，人们打开他的船舱，谜底才揭开。

原来老渔夫在装满沙丁鱼的鱼槽里放进了一条以鱼为主要食物的鲶鱼。鲶鱼进入鱼槽后，由于环境陌生，便四处游动。沙丁鱼见了鲶鱼十分紧张，四处躲避，加速游动。这样一来，一条条沙丁鱼活蹦乱跳地回到了渔港。

总结：适度的危机感，可以最大限度地激发潜能。

### （二）寻找我的那条"鲶鱼"

老师：你要做不知不觉死去的沙丁鱼，还是做被鲶鱼追赶并超越自我的沙丁鱼？

学生：被鲶鱼追赶的沙丁鱼。

老师：我们在学习中也需要一条时时追赶我们的"鲶鱼"，他让我们警醒，让我们有危机意识，在他的追赶下我们永不止步，不断超越自我。今天我们就一起来找一找属于自己的"鲶鱼"。找"鲶鱼"有两个参照：

（1）"鲶鱼"和你的成绩比较接近（以期末考为主）；

（2）这个人让你有危机意识（好朋友不一定是好"鲶鱼"），最终课上定出"鲶鱼"组合名单，即两两组合，互为"鲶鱼"，进行比赛。

### （三）我和"鲶鱼"一起冲

（1）调座位，两条"鲶鱼"并排坐，互相监督，互相学习。

（2）制订计划：

a. 比耐力：每日—每周—每月复习。

b. 比背书：背诵英语单词、古诗等。

c. 比专注：上课、自习课的效率。

d. 比勤奋：早到教室，当天学习任务当天完成。

## （四）制作鲶鱼比拼表，并配上使用说明

### 鲶鱼比拼表（第　周）

| | 上课专注 | 背书 | 作业 | 遵守规则 | 多学 | 锻炼 | 我赢 | 家长签名 |
|---|---|---|---|---|---|---|---|---|
| 周一 | ☆☆☆ ☆☆ | | | | | | | |
| 周二 | ☆☆☆ ☆☆ | | | | | | | |
| 周三 | ☆☆☆ ☆☆ | | | | | | | |
| 周四 | ☆☆☆ ☆☆ | | | | | | | |
| 周五 | ☆☆☆ ☆☆ | | | | | | | |
| 周六 | 课外书 | | | 家务 | | | | |
| 周日 | 课外书 | | | 家务 | | | | |

总结：本周我赢了____次，奖励（扣除）____，共赚班币：____个。

（1）上课专注：自己评，每天包括晨读、午读共 8 节课，如做到了认真专注，下课就给一颗星星上色，谁的星星涂色多，谁就赢了。

（2）背书："鲶鱼"评，完成当天的背诵任务，包括语文、英语、综合等，都完成了，就打钩。

（3）作业：由自己评和组长评，全部作业按时完成并及时提交，自己打钩，作业不及时交，由组长打叉。

（4）遵守规则：全天都遵守规则自己打钩，晨读被记名，由晨读小老师打叉；午休被记名了，值日班干负责打叉；卫生保洁，"鲶鱼"互相检查，卫生委员检查，被查有垃圾，"鲶鱼"和卫生委员负责打叉。

（5）多学："鲶鱼"和家长评，完成老师布置的作业，还额外完成了其他任务，谁完成得多，谁获胜，获胜者打钩，晚上进行晚读，家长再打个钩。

（6）锻炼："鲶鱼"或家长评，项目为跳绳或仰卧起坐，谁更用心锻炼，谁打钩。跳绳男生 160 个、女生 165 个，每突破一次，奖励班币 10 个；仰卧起坐

45 个，每突破一次，奖励 10 个班币。

（7）我赢："鲶鱼"评，谁打的钩多，谁就获胜，获胜者当天奖励 20 个班币。

（8）家长签名：每天晚上需要家长签名。

（9）一周获班币："鲶鱼"评，谁赢了最多天数，本周就是谁胜利，胜利者再奖励 100 个班币，输者倒扣 100 个班币，加上奖励或是减去扣除的，就是本周所得班币。

## （五）勤反馈

每天我和学生的对话都离不开"鲶鱼"，比如我在教室看到"鲶鱼"一号在学习，就会问他"鲶鱼"二号去哪了，让他们建立一种情感的链接，也让他们知道老师是很关注他们这组的。

# 论"诗意栖居"班级的构建

孔子曰："不学诗，无以言。"陶行知主张用诗的"真、善、美"去教化学生，让他们"过着诗样的生活"。海德格尔则认为："人诗意地栖居在大地上是最美的一种生存方式。"所谓"诗意栖居"，是像诗里表达的那样给人以美的意境，使人自由地与自然、社会、自我三重生态和谐相处而获得预设的情意。① 我受李季教授走心德育的引领，明白只有走进学生心灵，与学生心灵坦然对话，才能获得心灵的认同，进而引导心灵，助力心灵成长，方能抵达诗意栖居的彼岸。②

## 一、班集体建设中存在的问题

为响应国家支教交流的号召，几年间我辗转任教于多所农村小学，无一例外，都担任了班主任。经过仔细观察与了解，我发现这些学校班级管理与建设中均存在以下问题：

### （一）规训的教条化

班主任按部就班，凭借《学生日常行为规范》《××班班规》等制度化的条例带班。这是采用"规训的方式"，容易为学生所抗拒。这种德育方式用规范"剪裁"学生，学生都是被动地执行学校的各项规章制度，难以从内心感化学生。

### （二）管理的威慑化

部分班主任很有威严，靠着多年练就的口才，几句话下去，学生便不敢乱

---

① 冯铁山. 新诗教原理［M］. 北京：中国戏剧出版社，2008：9.
② 李季. 让德育走进心灵：走心德育理论与实践［J］. 中小学德育，2017（2）：4.

动。这种班级，学生虽然表面风平浪静，但内心翻江倒海，不利于学生身心成长。

苏霍姆林斯基指出："教育的终极目标不是传授知识，不是培养能力，而是让每一个孩子能够幸福地度过自己的一生。"我们应该走近学生、对话心灵，引领心灵成长，引导学生发自内心地向着"真、善、美"，从容地追求自己的幸福人生，形成"诗意栖居"的生活模式。

## 二、走心德育下的"诗意栖居"班级构建策略

积极心理学主张对人类的优点、美德和最佳行为进行研究，它要求教育者用一种更加开放的、欣赏性的眼光去看待学生的潜能、动机和能力。[①] 以欣赏的眼光去关注学生的优点、美德和最佳行为，姑且把这关注点统称为"美"。通过发现学生本身的美，引领学生心灵呈诗样美成长，无疑是走心德育的最佳途径。

### （一）推进"寻美行动"，迈向诗意成长路

帕斯卡尔主张只有依赖"情感"、依赖"爱"，人才能找到安身立命之所;[②] 奥古斯特·罗丹认为：世界上并不缺乏美，只是缺少发现美的眼睛。

#### 1. 美丽称号

构建诗意栖居班级，需要满怀关爱，才可走进学生的心，发现学生的点滴美，在适当的机会赐予学生美丽的称号。曹思思同学带领晨读书声琅琅，全班分外认真，下课了，我忍不住竖起大拇指喊声："小曹老师!"郭佳同学几次背书率先举手，我由衷地赞赏："可真是'背书大王'!"刘荣同学近来学习进步特别大，我在他作业本上大笔一书："进步速度如火箭，你可真是个'火箭手'!"无须多久，"小曹老师、背书大王、火箭手、小作家、小知音"等称号渐渐在班里出现，全班同学均有一个美丽的称号，有了称号，大家从此不再喊他们的真名。只一个简单的别称，一段时间后你会发现他们都在朝着这个称号的方向努力，再现"罗森塔尔效应"。此时，学生的心灵也已向你敞开。

#### 2. 美丽日记

我注意引导学生去发现、捕捉身边的点滴美，可以是景色美，可以是真情

① 丹尼斯·库恩，等. 心理学导论：思想与行为的认识之路 [M]. 郑钢，等译. 北京：中国轻工业出版社，2017：33.

② 刘小枫. 诗化哲学：德国浪漫美学传统 [M]. 济南：山东文艺出版社，1986：7.

美，可以是个性美等，写成"美丽日记"。每周班会课上，日记媲美成了重头戏。有时，一篇日记会引发大家对人生的探讨，成为教育的切入口。一次"爱心护鸟"行动中，黄菲菲同学因为担心鸟儿冷，把它放在了自己的被窝里，最后鸟儿却被闷死了。在她的护鸟日记里，字里行间充满着愧疚、自责、害怕，她甚至以为老师和同学们都不会原谅她。这篇日记引发了同学们对"人与自然"的探讨与思考，最后，同学们被黄菲菲同学的责任心与爱心而感动，将她评为本周"最美女孩"。

3. 美丽便签

美丽便签，是美丽日记的一种补充形式，通常是一句话，或者几句话。写了便签的同学，在每天下午放学后，交给承担"美丽使者"职务的同学。由"美丽使者"转交给班主任，班主任筛选出几条，在每天早晨的"美丽遇见2分钟"时间里播报表扬。美丽便签的设立，鼓励更多的学生参与"寻美行动"，做到有话可说、有话能说，同时不知不觉中，让学生认识了什么是"真、善、美"，从而实现与心灵的对话，促进心灵朝诗意方向成长。

## （二）成立"班级诗社"，创设诗意文化流

"人管人气死人，制度管人累死人，文化管人管灵魂。"灵魂，即心灵所向，通过创设浓郁的文化氛围，浸润诗样美的心灵。

1. 开拓诗意校本课程

在班级建设中，我收集经典易懂的诗文，按所任年级的不同，在学校的帮助下形成校本课程《经典诵读》，将"诗文化"引入班级管理。《经典诵读》所收集的诗文具有积极的人生价值取向，尽量将"诗教"与学校德育融成一体，让学生在诗意文化的熏陶下，学会用诗意的眼光审视生活，从生活中去发现美、提炼美，从而自健其德。

2. 成立班级特色诗社

不同班级有不同的特点，诗社的取名与使命需切合班情。2016学年，我所任教的学校坐落于粤赣交界处梅岭山脚下，当时我接手的班里许多学生缺乏良好的行为习惯，班风极差。我引领学生迅速成立"梅花诗社"，"梅花"是所在地梅岭山的特点，更是蕴含着哪怕历尽艰难也要含香绽放的深意。

3. 开展多彩诗文活动

活动的开展，不求好高骛远，只要做个有心人，根据班级量身而设，往往也

能取得意外的惊喜。我根据山区学校孩子早起上学的特点，制定每天早晨 7 点 40 分到 8 点为"经典诵读"时间，鼓励大家坚持每天背诵一首自己喜欢的诗；每周安排一节诗歌共赏课，既可根据学校德育处的教育方向，由老师推荐一首具有德育韵味的小诗共赏，也可由学生推荐或者是共赏本班学生的优秀诗作；每月举办一次诗歌讲座、诗朗诵比赛等主题活动，通过"探诗史、读诗文、品诗味、赛诵诗、对诗阙、唱诗歌、书诗句、画诗意、演诗情"等方法和途径，激发学生学习诗歌的兴趣，开辟学生的情感世界和思维空间，养成典雅语感，塑造学生美好的心灵。

### （三）巧设阶梯升级游戏，培养自律

走心德育显示：走心的就是让人喜爱的，不走心的就是不受欢迎的。① 康德指出："自律原则是唯一的道德原则。"所谓自律，即严格要求自己，约束自己，包括学生自我要求、自我表扬、自我批评，以及对自身行为的调控、要求、约束、激励和规范。② 通过模拟网络升级游戏，变不受欢迎的教条化说教为让人喜欢的闯关游戏，达到学生心灵自律成长目的。

1. 阶梯升级游戏

这是根据教育专家程鸿勋的阶梯式学习法理念及学生心理特点改创的升级游戏。从人生命的阶梯式发展出发，按照学生在学习过程中的个性差异表现，设定学生能力提高的阶梯，把每一个学生都比喻成一棵成长的小树苗，③ 小树成长阶梯设为：小种子—小苗苗—叶片儿—小树—大树。

我引导学生成立学习小组，组内成员自定目标，自寻动力，自找办法，自我评价。小组长负责监督，每天进行"班徽图案"积分奖励，一周获得 12 枚"班徽图案"的同学便赢得了升级，低于 8 枚则降级，小组长按时在班级评比栏公示升级情况。

2. 礼品兑换奖励

阶梯成长项目以"文明、纪律、学习"为总纲，制定成长细目表，每个学生根据自己的具体情况，努力升级，以每星期为一个升级期，成功升级的可以到老师处兑换小礼品。小礼品纷繁多样，除了常规的文具与小食，还可以是"一个

① 李季. 让德育走进心灵：走心德育理论与实践 [J]. 中小学德育，2017（2）：4.
② 伊曼努尔·康德. 实用人类学 [M]. 邓晓芒，译. 上海：上海人民出版社，2002.
③ 程鸿勋. 生命发展阶梯：阶梯式学习法 [M]. 北京：朝华出版社，2010.

"小愿望"，如跟好朋友同桌等。

通过走心的升级游戏与奖励，促进学生养成一颗诗意自律心。

## 三、走心德育下的"诗意栖居"班级构建成效与思考

### （一）成效

在"诗意栖居"班级构建探索过程中，于师，形成了不断研究探索教育习惯和运用"走心德育"管理班级的风格，对本市学校有很好的辐射影响；于生，"诗意栖居"核心价值观渐渐主导学生的行为，形成了"亲其师，信其道"的师生关系，并培养了一批批爱吟诗写诗的孩子，有学生的小诗发表于《中国童诗》等杂志上。让我惊喜的是 2016 年韶关电视台教师节专题节目《道德讲堂》到本班采访，其中一名家长接受采访时说受孩子诗社活动影响，全家人也跟着展开了读诗活动，家庭与诗社共成长。

### （二）思考

核心问题——我的"走心理论"与"诗教能力"尚有待提升。在策略实施的过程中，教师不仅需要拥有深厚的走心理论支撑，还要有诗歌鉴赏和书写能力。本人理论浅薄、能力有限，这成为一种阻碍，让教育设想与成效总有段差距。

实践困惑——存在走心不到位，影响学生外在动机向内在动机的转换。无论是诗活动比赛还是阶梯升级游戏，部分学生关注点往往在比赛和游戏升级成功后的奖赏与评价上，如何做到在更短的时间里将这种外在动机转换为内在动机，促使每一个学生心灵深处都生成一股积极向上的力量，还需要不断探索。

# 如何引领儿童进行整本书阅读

如何引领儿童进行整本书阅读？朱永新先生发起的新教育实验倡导"共读"，即通过共同阅读，拥有共同的语言、共同的密码、共同的价值，从而实现真正的共同生活。而我们"点灯"式班级管理下的共读一本书，选定的书目是教育部推荐的分级阅读书目，以"三每行动"推进阅读进程。所谓"三每行动"，即每月阅读一本书、每月召开一场读书会、每天背诵一首诗（上学期间每学一课学习一句论语，寒暑假每天背默《小学生必背古诗》）。

## 一、共读经典，让学校成为开放的图书馆

2019 年春季新学期开始，全国中小学生的语文、历史、道德与法治都使用统一部编版教材。这是一套开启大阅读时代的教材。为了能让儿童共读经典且又契合其身心发展需要的书，教育部为小学生提供了一份有水准、有品位、有眼光、有趣味的专业性书单。在"教育部推荐阅读书目"的基础上，我们进行了精选，构建了一至六年级校本课程体系。在书目选择上，注意了以下四点：

第一，绝对是经典的。把最经典、最美好、最优秀的书籍带给孩子。儿童在精神成长最敏感的时期遇到好书，就可以形成好的"胃口"、好的品位。

第二，必须是儿童的。尽量选择适合儿童的，他们喜欢读的书。如选择与学生心灵息息相通的书，与他们生活密切相关的书，学生读时会感到特别亲切，可以从中寻找到"自我"，还能从他人的经历中体验到生命的成长。

第三，强调是分层的。童年是一段由浪漫到精确、由粉红到天蓝的彩色阶梯。我们根据阶梯阅读相关理论，按照小学低、中、高三个学段来推荐书籍，给学生更切实的指导。

第四，应该是全面的。所选的书以儿童文学为核心，兼选自然科学、人文科

学等方面的优秀读物，让学生获得全面的"营养"。

博尔赫斯说："天堂，应该是图书馆的模样。"其实，学校就应该是图书馆。为了促进共读，我们努力打造独具特色的阅读生态。除了在校园里设有形式多样的"书吧""书厨""书柜"外，每学期都举行一届"阅读文化节"，每一届都有鲜明的主题，如"文学，让儿童的心灵柔软起来""在语言中狂欢"等。节日开展作家面对面、班级读书会展示、童手写童心、我为名著写书评、书本剧表演、诗词诵读会等精彩纷呈的读书活动，为儿童搭建展示读书成果的平台。日常还会开展"你讲我听""持续默读""主题阅读""学科阅读"等活动，使学校成为一所永远开放的图书馆，让广大师生浸润于清朗而高贵的读书生活中，让共读成为师生真正的生活方式。

## 二、共读对话，在"三步曲"中拾级而上

最好的阅读应该是充满魅力的书籍与阅读者之间对话的过程，是书籍、教师、学生多向对话的过程。在共读对话中，教师的重要任务是导读，而且是和孩子们一起共读，就像哲学大师卡缪所说："请不要走在我的前面，因为我不喜欢去跟随；请不要走在我的后面，因为我不爱充领导；我只期望，请你与我同行。"

我们每周开设一节共读课，师生每月共同精读一本经典，独创了整本书阅读的"导读—推进—延伸"三步曲模式，使阅读更适合儿童的精神成长和心智发育。

第一步，导读，开启学生的阅读期待。阅读期待是一种迫切求知的心理状态，通过悬念的制造、情境的创设等，激起学生体验和探究的欲望。重视阅读期待，对于激发学生的阅读热情、培养良好的阅读情趣有着重要的意义。

导读部分充分利用阅读期待，或从书中选取一个美好的场景、几个鲜明的形象，或讲讲作者和相关书评，或以书中精彩的内容、情节，或用书中的插图、故事里出现的音乐等，激发学生对新书阅读产生一份关注，形成一种期盼。比如，《绿野仙踪》的作者弗兰克·鲍姆本人的经历充满传奇色彩，导读时给学生讲讲作者的故事，尤其是他创作《绿野仙踪》的过程，一下子就能抓住学生的心。导读部分，要做的就是让学生对即将开始的阅读旅程充满期待，兴趣浓厚。同时，为后面推进部分的主题探讨做好铺垫，有目的地阅读比漫无目的地阅读效果要好得多。

第二步，推进，这是共读中的重要环节。可以是分章节的讨论，也可以是通

读全书后对若干小主题的讨论。此时的共读讨论，需要带着一定的指向性。教师要做好引领，提出一些重要话题，让学生带着话题进行阅读、对话。

比如，儿童小说、故事的共读推进，可从故事情节、人物形象、语言风格、文学意蕴等方面展开。以《蓝鲸的眼睛》为例，这本书语言优美动人，意境空灵神秘，人物角色身上有着丰富的精神内涵。推进中可引导学生品味"蓝鲸献出眼睛"这一段文字，在品味中感悟语言文字的特点与魅力。书中的经典段落形象地刻画出角色个性，反映出角色的内心情感和精神内涵，可让学生有感情地诵读描写主人公的主要段落，并引导其想象、交流，谈谈对角色的印象。在诵读与交流中，让学生不断丰富和铭记角色形象，感悟书中深厚的精神内涵。在此基础上，再让学生给喜爱的角色写颁奖辞，呈现他们对角色的理解，在写话中提升阅读品质。这样的共读推进，学生不但能理清困惑、深化理解，还能分享快乐、分享经验，使阅读走向深入。

第三步，延伸。一本书读完，并不意味着阅读的结束。相反，在推进部分结束时，学生由于观点的碰撞、心得的交流获得了新的阅读体验。此时，应把握这一时机，巧妙整合资源，进行拓展延伸，顺势将阅读活动引向更为广阔的时空，深化读书感受。

可以共同拓展阅读作家的其他作品，如读完米切尔·恩德的《永远讲不完的故事》，拓展阅读他的《毛毛》《犟龟》等；可以共看电影，如读完《草房子》《夏洛的网》《城南旧事》之后再看电影，别有一番滋味；可以排演书本剧，如读完《一百条裙子》后表演书中的精彩片段，学生会有更深的感受；可以进行延伸的写作活动，如读了《亲爱的汉修先生》，模仿书中的作者用假想收信人的方式倾诉自己的心声；还可以画画、讲故事等。总之，只要巧妙安排，延伸活动能使学生对书中的情节、人物、内涵了解得更深入全面，感受得更具体。

此外，我们还摸索总结出共读交流的基本课型，如读物推荐课、阅读欣赏课、读书汇报课、语言积累课、大声朗读课、经典诵读课、读写结合课等。通过不同方式的共读，让学生积极参与阅读实践活动，加深理解和体验，受到情感熏陶，得到思想启迪，享受审美乐趣，获得阅读方法，培养阅读习惯。

## 三、共读手册，让阅读向更深处漫溯

叶圣陶先生曾指出，"读整本的书，不仅可以练习精读、速读，有利于养成好的读书习惯；还可以进行各种文学知识与文体阅读的训练，学生阅读的心理会更加专一，阅读效果也会更好。它可以收'一石多鸟'之效。"由此可见，引导学生读整本书，有利于提高学生的阅读能力。

六层次阅读能力系统理论认为，阅读能力包括六个能力元素：复述、解释、重整、伸展、评鉴、创意。要培养"理想的读者"，就需要我们根据阅读层级采取不同的阅读策略对学生进行各方面的训练。为此，我们通过设计《共读手册》详细指导儿童如何阅读整本书。

《共读手册》以经典的儿童文学为范本，根据儿童的认知特点和现代的阅读观念，全方位挖掘书中的语言、人文、美学等价值，设计相配套的形式灵活的阅读指导与练习，这些练习包括讨论、想象、表演、多形式读、剧本创作、动手做，甚至游戏等，把读书与听、说、议、想、编、写、画、演、做等相结合。如中年级的《〈夏洛的网〉共读手册》里面有"人物点击"游戏、分享感人片段、探究话题、仿写摇篮曲、给主人公威尔伯写一封信、与好朋友分角色朗读表演等综合练习。这样的《共读手册》，既便于课堂中师生高效优质地阅读和讨论，进行阅读"互动建构"；又便于学生自主深入阅读，"自读建构"，提升阅读质量，提高阅读能力。《共读手册》成了儿童的阅读"地图"和"指南"。

如《〈草房子〉共读手册》设计片段：

（1）这本书的题目是"草房子"，第一章就用生动的文字搭建了一个由十几幢草房子组成的美丽校园，找到这段文字了吗？请摘录并把它画下来，别忘了那些草房子之间的"安排"哦！

（2）充满诗意的景色描写是《草房子》这部作品的一大亮点，你来摘录几处，细细品味吧！

（3）有人说"一切景语皆情语"，结合内容想想，这些景物描写是否让你有什么特别的感受呢？（《用心陪伴，用爱共读》）

再如《〈时代广场上的蟋蟀〉共读手册》设计片段：

（1）在和玛利欧分别之际，柴斯特为他举行了一场独奏会。书中这样写道："蟋蟀抬起了翅膀，轻轻地拉出了一声低吟。在这一声鸣叫里，它献上了它的一切爱，它代表了它的惜别。"这一声鸣叫包含了柴斯特想说的许多话，你听懂它在说什么了吗？请写下来。

（2）试着在某个早晨，或者是某个夜晚，用心聆听风声、雨声、虫儿的鸣叫声……你一定会发现，大自然就是一位演奏家。请你模仿本书的描写，也来写一写你听到的美妙的音乐吧！

　　以上设计引导学生在整本书的阅读中摄取特定信息，回味文学的语言美、形象美、情感美、意蕴美，并进行迁移模仿。儿童的审美鉴赏能力、文学感悟能力、语言表达能力、联想扩展能力等均能得到提升。我们充分利用《共读手册》一起阅读、分享、探讨、思考、感悟，将阅读的积淀融注到一个个生命个体中。这样的精读、共读更深入、更持久、更有效。

　　童年是最美好的岁月，童书是最美妙的种子。引领儿童共读一本本书，就是在他们的童年播下一粒粒最美妙的种子，那是文化的种子、语言的种子、审美的种子、思想的种子……这些种子里有强烈的信仰，请相信，会有奇迹的发生！

# 农村孩子写作兴趣培养之我见

叶圣陶说："生活如源泉，文章如溪水，源泉丰富而不枯竭，溪水自然活泼地流个不停。"农村孩子生活在广袤的蓝天之下、田野之上，拥有丰富的生活源泉，却缺乏良好的文化氛围，他们的语言表达干涩而苍白。不勤思、不乐写是普遍存在的现象，要让孩子们的习作如溪水自然活泼地流个不停，这不仅需要旷日持久的热情，更需要科学理性的指引。

《小学语文教学大纲》要求："中年段学生习作要留心周围事物，养成勤于观察思考和乐于动笔的习惯。"一个"勤"字、一个"乐"字，让我很自然地想起《小学语文课程标准》中的习作评价陈述：写作起始阶段，低门槛进入，尤其要注意培养兴趣和自信心，多鼓励，少批评。

兴趣是最好的老师，那么写作兴趣从何而来？问渠哪得清如许，为有源头活水来。学校的任务就是开渠、引流。写作兴趣这渠怎么开，这流怎么引？要依赖全体师生的集体智慧。

## 一、打造"师生同乐空间"

小学三年级，是习作的起始阶段，也是植入兴趣的最佳时期。孩子们天性好动、活泼，最吸引他们的是各类有趣的游戏。他们快乐地游戏、兴奋地大叫、激励地比拼、尽情地玩耍，一切是那么自由。想与学生同心同乐，我得从他们的"最爱"入手。

每当太阳如约高挂，阳光如金子般铺满广场，便到学校大课间的时候了。那是孩子们最开心的时候！这时我喜欢师生角色互换，他们是老师，我是学生。孩子们总有五花八门的游戏要教我玩，什么"写大字""抓人""三过河"等，而我永远都是那个最"愚笨"的学生，他们得费好大功夫才能把我教会，可得意了，玩得特别起劲。这时，我会立刻把游戏过程叙写下来，让孩子们的欢声笑语，像鱼儿一样穿梭在我的文字里。孩子们每次听到自己的名字出现在老师的文章里，便异常自豪，一双双晶亮的眼睛闪动着兴奋的光芒。末了，他们总也不甘示弱地发出挑战，要跟我比个高低，这时我会悄悄地告诉他们："要比过老师，你们得注意……"就这样不知不觉中，孩子们进入了写作。不用等多久，孩子们就会成群结队，小精灵般牵手联袂，穿过长长的走廊，溜进我的办公室，展示自己文章的风采……

游戏是孩子的本能，好玩是孩子的天性。有个哲学家说过，当我们顺应人的天性来做事的时候，一切都将变得非常简单。故将作文教学回归到有趣、好玩的游戏中，让孩子充分参与其中，有激情、有感受、有材料，作文教学以生活中的游戏形式呈现，即把原本枯燥的作文训练变成一次次有趣的游戏。游戏，因为有了老师的参与，变得异常精彩！也因为有了老师习作牵引，孩子们渐渐学会了表达，学会了对日常生活进行观察，在师生同心同乐的氛围下，孩子们的写作显得水到渠成。

## 二、建立班级"个性日志"

当班级形成了师生同乐的氛围，一切活动皆变得轻松而愉快，孩子们似乎成了一个个黏着我的小精灵，喜欢上我的课，喜欢我教授的学科，喜欢下课后黏着我诉说他们的故事……这时，我提出建立班级"个性日志"。

为了让孩子们对日常生活多留心和感受，也为了激发他们的写作兴趣和热情，我根据孩子们喜欢竞争、喜欢游戏、喜欢展示等特点，一改常规日记做法。我把全班同学分成多个日记写作小组，给每个日记写作小组起一个好听的名字，比如"小荷园""茉莉园""牡丹园"等。这些名字都来自他们喜欢的植物，于是每个成员都成了花园里的种子。每个小花园有五个孩子，他们共同拥有一本"成长日志"。星期一到星期五，五个孩子轮流写日记。而我要做的工作，就是负责每天早晨在这些"花园成长日志"中挑出一两篇读给全班同学听，然后对比讲评，把优胜者的日记打印出来，制作成一份精美的班级日志周报《花圃》，粘贴在作品展示栏里。只要被选登上了小报，这座小花园就被注入了"成长的养分"。就这样小花儿成长竞争赛便悄悄地拉开了，由小种子慢慢长成了小芽芽，长成了小苗苗，长成了小树儿，长成了参天大树，最后被赐予"小作家"称号。小花园每升一个级别，将会得到一枚该称号的勋章，张贴在"成长日志"的首页里。就这样，孩子们的习作过程不仅渗透了竞争的元素，也多了游戏的趣味。

"作文是一种公众的言说，是一场别样的对话。"为了更好地鼓励孩子、激发孩子写作的兴趣与信心，我一边展示自己在各刊物中发表的文章，一边告诉孩子，如果你够出色，就能让世界听见你的声音。孩子们惊叹敬佩的同时，写作热情也更加高涨了。我常常从孩子们的"花园"里，挑选出佳作，经过一番润色后，推荐给全国各地各类报刊或是组稿参加各种征文比赛。孩子的文章被刊发了，我会立即封他为"小作家"，同时也会无比激动地在班里宣读，让那一双双羡慕的眼神投在孩子的身上，也让每个孩子心里都点燃起异样的火花——我也要让世界听见我的声音！就这样，班级个性日志《花圃》很快又拉开了新的序幕……

### 三、让阅读不断催生写作的新起点

"只读不写，眼高手低；只写不读，眼低手也低。"这些话形象地说出了阅读与写作的关系，明确了阅读在整个写作过程中的重要地位。孩子们的话匣子处于打开状态时，接下来的工作是引导孩子阅读，让孩子在阅读中提升自己的语言运用能力。

写作的过程不仅是表达作者思想的过程，还是语言的创造过程。当写作因表达能力而受阻时，会激起作者更大的阅读欲望，并使作者用心去体会别人创作的佳妙，深刻地去体会别人怎样运用语言，从而发现阅读是心灵的美化，是语言的提炼，是促进感悟的内化与升华。要读书，首当读好书。我把全国著名特级教师窦桂梅所推荐的书目《森林畅游》《月亮不见了》《夏洛的网》《时代广场的蟋蟀》《长袜子皮皮》等，分阶段请入了课堂。然后根据《小学语文课程标准》阅读的基本要求"阅读需注重情感的体验"，我设计出"整体感知—品味重点词句—感情朗读"品味主线。每篇作品节选出最精彩的章目，通过多媒体，让孩子们自主地读，声情并茂地读，读出感情，读出联想，最后进入意境。当在阅读过程中把自己融入文本，模仿与创新便开始了，孩子们笔下的文字慢慢地变得灵动起来……

课外阅读的整体推进与深化，成了不断催生写作新起点的好方法。而这工作，需要教师旷日持久的热情和坚持。时光荏苒，岁月如歌，让孩子枕着书香而眠，让他们在梦里都是甜的，书写出来的文字怎么会干涩无味呢？

经过不断学习与实践，近几年来，我班孩子的习作陆续在《中国少年报》

《中国童诗》《小主人报》《韶关日报》《五月诗笺》等全国各类报刊发表。现在，每天都有许多孩子跟在我身后，迫切地希望轮到自己写日记，他们往往用上一周时间来酝酿，盼望为自己的小花园增色！看着越来越多孩子的写作热情被慢慢调动起来了，还有什么比这更让我感动的呢？

# 浅析班级突发事件的处理方式

## ——以处理利器伤人事件为例

每个班里总有几个孩子格外令老师操心，他们在长时间里对失败的体验过多，外界对他们的评价太低，导致了厌学、怯懦、自卑、抑郁等。这使得他们无法静心学习，精力转移到其他地方去了。该学习的时间不学习，这样或那样的突发违纪事件便常常发生。"差生"这个黑标签，他们自己给自己贴上后，若此时班主任不找对策，消除黑标签，"破窗效应"会很快影响整个班的风貌。佳佳是六（2）班一个自称"差生"的孩子，在与他"较量"中，我发现面对班级突发事件，班主任如果巧妙利用"走心"的沟通方式，可达到变弊为利的教育效果。

## 一、"走心"的内涵及其普遍性

"走心"一词，源于网络流行语，是经心、专心、贴心、暖心、悦心，还有认真、尽心尽意、全心全意的意思。把"走心"一词引入班主任工作，并不是因为其流行，而是在于其"具象性"——走心的就是让人喜爱的，不走心的就是不受欢迎的。[①] 走心适用范围广，具有普遍性，只要有人活动的地方，则有它的存在，如"走心的节目""走心的餐饮""走心的居室""走心的沟通"等，而师生间的沟通是否"走心"，直接影响学生的心灵成长。只有走进学生心灵，直面心灵问题，与学生心灵坦然对话，才能获得心灵的认同，进而引导心灵，助力心灵成长。这种走进学生、对话心灵和引领心灵成长过程的沟通，称为走心沟通。[②]

---

① 李季. 让德育走进心灵：走心德育理论与实践［J］. 中小学德育，2017（2）：4.
② 李季. 让德育走进心灵：走心德育理论与实践［J］. 中小学德育，2017（2）：4.

## 二、基于走心沟通的相应对策

### （一）倾听接纳，做孩子忠诚的听众

班里发生的突发事件，大都是因为学生的情绪没有得到很好的疏泄。"情绪"一词的词源是拉丁语 movere，意思是"移动"，其"动"主要体现在愤怒、害怕或喜悦的情绪推动我们采取的某些行动。① 一个班里，集聚着个性各异的几十名孩子，交往过程中难免发生摩擦，尤其是不爱学习爱捣蛋的孩子，明明是自己的错，却喊得比谁都大声。我班的佳佳最近总爱带利器到学校，如小刀片、小钉子、小锯、小针等，任你怎么禁止怎么没收，他书包总是藏着各式各样的利器。这不，他又在玩耍中划伤同学小渝了，小渝疼得大叫，佳佳大喊"又不是故意的"。

"看，这条伤痕像条红线般，快有 5 厘米长了，一定很疼吧？"我一边说一边用棉签帮小渝搽药，接纳了小渝疼痛的感受。小渝变得柔和下来，并把发生的事情一五一十地告诉了我。在他讲述过程中，我没有打断他，并适时给予回应，表示理解。听毕，我肯定他受伤了也忍住疼痛不还手打佳佳，是一个宽容的孩子！老师喜欢宽容的孩子。紧接着，我转身抚摸着佳佳的头，说："佳佳一定也喜欢宽容的孩子吧？"

经过如此一番倾听接纳、搽药安抚，小渝的情绪很快平复下来，在一旁的佳佳也认识到了错误，向小渝道歉，并说以后再也不带利器到学校了。

### （二）走进心灵，做孩子知心的朋友

老师是威严的，学生是乖巧的，这是传统的师生关系，在这种师生关系背景下，班级看似风平浪静，实则暗藏波涛。构建新型朋友式的师生关系，可以促进班级的和谐发展。积极心理学主张对人类的优点、美德和最佳行为进行研究，它要求教育者用一种更加开放的、欣赏性眼光去看待学生的潜能、动机和能力。② 老师主动找学生，以赞赏的眼光探视学生的心灵，发现他们身上的优点，让师生

---

① 丹尼斯·库恩，等. 心理学导论：思想与行为的认识之路［M］. 郑刚，等译. 北京：中国轻工业出版社，2017：407.

② 丹尼斯·库恩，等. 心理学导论：思想与行为的认识之路［M］. 郑刚，等译. 北京：中国轻工业出版社，2017：33.

沟通变得愉悦，很多问题就迎刃而解了。

关于佳佳带利器的问题，我知道几天后，利器还会出现在他书包里，不知又会划伤谁。这问题让我陷入深思：佳佳，最突出的闪光点是很有礼貌，"三八妇女节"半天假里，他是班里唯一一个打电话祝福我的孩子。对于这个优点，我在私下谈心时赞赏过，全班面前公开表扬过，但他对利器的痴迷依旧，仍常常带来学校，误伤同学。还有什么可以帮助我找到教育的切入口？据了解，佳佳的父亲在他三岁时因病去世，母亲改嫁后，他一直留在奶奶家长大，前年才被接到妈妈身边。妈妈和继父开餐饮店很忙，无暇教育他。佳佳极少写作业，沉醉于摆弄各种利器。以我肤浅的心理知识去理解，他携带利器，可能是安全感缺失，或是攻击性的体现，但经调查，班里并没有人欺负他，我决定从他家里着手。

我了解到下午6点半左右是佳佳一家都比较空闲的时间，在没有事先沟通的情况下，我直接去家访。家长告诉我佳佳每天晚饭后都进房间写作业，但我知道佳佳的作业常常没完成，在征得家长同意下，我敲响了佳佳的房门。门开了，佳佳满脸惊愕！我也满脸惊愕！佳佳惊诧我的到来，我惊诧他房间里满地都是稀奇古怪的小零件。他见来不及掩饰，拿起其中一个，说："老师，你看这是一个电池，上下分别是正负极，我用铁丝把正负极连起来，上面装个小风扇，这个是开关，一按开关，风扇就会转动起来。"

佳佳告诉我，在学校他也会趁下课躲在角落里，跟两三个伙伴一起玩。我终于明白了为什么利器屡禁不止，同时也对他有了新的认识，一个三门学科总分都达不到100分的孩子，却懂得物理的正负极。

看着这满地的小玩意和忐忑的佳佳，我没有批评他，而是充分肯定这是心灵手巧充满智慧的表现，肯定了这些小制作给他带来的成就感，并告诉他若进一步改良，可以参加学校科技节，或者进行义卖，他的制作都是了不起的作品。在佳佳眼睛发亮的那一刻，我话锋一转："可是，做这么一件有意义的事情，有没有办法让老师、家长还有同学们都给你点赞支持呢？我们一起想想办法。"

沉默一阵后，他开始讲："我要写完作业再制作。"

"非常好！我把你说的办法都写下来，这样我们都不会忘记。"我认真地记录了下来。

"不能带去学校做，昨天已经不小心划伤同学了。"

"我需要坐在前排位置，因为我总是看不清黑板，也听不清老师讲课。坐到前面去，我可以抄好作业回家做。"

这真是一次愉快的沟通，我想要的正是佳佳所说的。末了，我补充了一条：佳佳是一个诚信的孩子，从今天开始是老师的朋友，以后有什么困难都要跟老师说。他答应了。

### （三）明理导行，做孩子前行的指路人

《如何说　孩子才会听　怎么听　孩子才肯说》这本书中谈到让孩子从角色中释放出来的几个技巧：要寻找机会让孩子看到一个全新的自己；创造机会，让孩子另眼看自己；其间还需让孩子无意中听到你对他的正面评价。① 佳佳要从"差生"的角色释放出来，光是一次走心的谈话，远远不够，一定得争取其父母的支持，创设机会让他体验成功的喜悦，形成一股强大的冲击力，让他看到原来自己可以这么优秀，从而改变对自己的看法。

当佳佳把改进办法写下时，我拿着孩子的本子和家长沟通，呼唤爱的回归。最后，我与佳佳还有他的父母，都在本子上签了字，贴在佳佳书桌上方的墙壁上，佳佳再誊写一份交给我保存。从此，我的微信上多了个好友小佳，多了道风景——佳佳的工艺品。

在一次义卖活动中，佳佳的作品大卖，他也成了班里的"科技达人"。我把他家里藏着的所有手工艺品买下，当成班里的小奖品，它们受到了同学们的热烈追捧。成功的喜悦点燃了佳佳学习的热情，原来头疼的利器问题，最后成了促进的动力，他严格按照"改进办法"去做，而我要做的就是及时表扬赞赏，提出更高要求。期末，佳佳成功摘除了"差生"这个黑标签，捧回了一张"进步"的奖状。

## 三、利器事件带来的思考

当班里发生突发事件时，老师应冷静应对，避免简单粗暴地处理，每件突发事件都是教育孩子的切入口，引导我们去找情绪的源头，通过"疏泄—共情—明理—导行"的走心沟通方式，帮助孩子身心健康成长。

---

① 阿黛尔·法伯，伊莱恩·玛兹丽施. 如何说　孩子才会听　怎么听　孩子才肯说 ［M］. 安燕玲，译. 北京：中央编译出版社，2012：211.

# 少走弯路，迅速成长

## ——写给年轻班主任的话

近年来，我常常被安排或邀请到各地培训一线班主任。这些年轻的班主任都很喜欢提问，问得最多的是：李老师，你是如何从一个普通农村教师成长为广东省名班主任的呢？我仔细想了想，梳理出几条关键点，希望能助力年轻班主任少走弯路，在专业路上能更迅速地成长起来。

## 一、学会研究

苏霍姆林斯基有句名言："如果你想让教师的劳动能给教师带来乐趣，使天天上课不至于变成一种单调乏味的义务，那你就应该引导每一位教师走上从事研究的这条幸福的道路上来。"热爱教育，视教育为事业，潜心研究，是我成长路上的第一把利剑。

研究，指在班主任工作里或日常教育教学中遇到困难应以研究的态度去面对。班里分来一个"大名远扬"的叛逆孩子，该如何走进他的心，抚平那颗带刺的心？小张吵架了，是情绪惹的祸，情绪背后的真相是什么，该如何去疏导情绪的洪流？小刘近来不爱学习了，如何激发孩子的学习积极性，让他重新投入学习中？这一系列问题，看似是烦琐的麻烦事，若我们能抱着一颗研究的心去探究，很快你会发现这些孩子并不讨厌，相反正是这些孩子在陪着我们慢慢成长。我想苏霍姆林斯基所说的研究的幸福道路指的应该就是我们与孩子一起成长的路程。

研究，更指我们常说的课题研究。课题研究选择的方向和研究的深度，往往决定你是否能在一个团队中脱颖而出。我参加名班主任培训期间选择的课题是《农村小学中年段诗化德育的实践研究》。"你的课题，一看题目就会给人留下深刻印象!"这是导师对我课题方向选择的一个评价。这个评价无疑告诉我,我方向是对的,接下来要潜下心去做研究。我听说中山三鑫学校的叶才生老师诗教实验做得有声有色。几经辗转,我加了叶老师的QQ,以试试看的心态向他求教。让我意想不到的是,叶老师没过几天便给我邮寄了一整套书籍,共二十本,既有当前诗教德育理念走在全国最前沿的冯铁山的理论著作《新诗教原理》,又有叶才生老师接地气的案例感悟著作《带你诗意还乡》,还有他们学校一整套诗教学本、学生童诗集等。初次做课题研究,这套书给予了我极大的帮助。在后来的阅读中,读到诗意语文流派王崧舟老师的《美在此处:王崧舟讲语文课上什么》,他提出的诗意语文课堂构建需以"情"为灵魂核心,我的诗教研究开始渗入语文课堂。就这样,在王崧舟、冯铁山、叶才生等老师的影响下,我渐渐地走上了一条诗意教育研究路。课题结题时,我呈上了自己编写的诗教学本,拥有了自己课题研究的教材依托;呈上了一系列课题案例、叙事、随感,共二十多万字,并形成了自己诗教研究的一套方法;呈上了学生的诗集、习作,因此在韶关市名班主任中脱颖而出,迈上了省名班主任培养的道路。

## 二、学会提炼

在教育系统中,我们记住一个人,往往是记住了他的思想。如说起王崧舟老师,我们马上会想到他的诗意语文;说到魏书生,会立即联系起"人人有事做,事事有人做";想起李镇西,则会想到他的教师成长三境界。

这些教育家、名师们,都是因为其教育思想熠熠生辉,而对我们产生了深远的影响。教育思想从哪来?从实践中提炼而来,从学习中提炼而来。若把教育思想比成是高楼大厦的框架,那么优秀教育经验就是一片片琉璃瓦,没有框架的支撑,再美的琉璃瓦,也不过是躺在地上的一片瓦。反观身边的老师,其实不乏优秀的教师,有的兢兢业业扑在讲台上,默默为教育事业奉献一辈子;有的基本功扎实,赛课赛事频频获奖;有的管理班级如鱼得水,班主任工作做得极其出色。这些老师无疑是优秀的,但是他们的影响仅仅限于自己所教的学生,或者限于数量极少的老师。要想教育的步伐走得更远,学会提炼是必不可少的!

最好的方式是在研究中提炼。我前些年的研究致力于诗意德育,写了一系列关于诗意德育的文章,提炼了一套诗意德育行之有效的方法。但是我在推行的过程中,发现没有一定文化底蕴、没有一定文字功底的老师,难以实施诗意德育,推行不开,这意味着走不远。近几年,我转变了研究方向,"点灯"式班级管理是我新的研究方向。所谓"点灯"，是教师启亮学生思想的一种形象比喻，当学生的一些困惑或迷茫等得到教师点拨而豁然醒悟，其被遮蔽的心灵便会像灯盏一样亮堂起来。有关点灯人教育，很早就读过朱永新老师的"一生点灯""新教育"理念，读过教育部亲近母语"点灯人"系列书籍，但是真正决定以"点灯教育"作为研究方向，还是从我自身的改变讲起。我从一个自闭的乡镇老师，慢慢走出来，跟名班主任培养、跟我的导师的栽培分不开。由此，如何去启亮班里孩子的心灯是我这些年在做的事，并渐渐在实践中提炼出了一系列策略，每个策略背后都有心理学理论的支撑，曾经在培训活动中分享过几次，均受到老师们的欢迎。我到山东参加骨干班主任国培班，也以学员代表的身份进行了分享，没想到受到了专家教授的高度赞赏，老师们连续三次以最热烈的掌声给予表扬，这是所有分享老师中唯一的一次。这更让我明白，只要我们留心，给自己一个方向，不断去学习实践，不断站在巨人的肩膀上去做提炼，咱们普通老师也一样可以拥有自己的教育思想，也一样可以在教育这条道路上越走越远。

## 三、学会书写

著名教育家叶澜教授说："一个教师写十年教案不一定有长进，但是坚持写三年教育反思，必定能取得出色的成绩！"叶澜教授的话说明了教育写作对教师成长的重要性。

我看到很多老师的教育写作都有功利性，或者说只是把教育写作当成一块敲门砖，这样的写作，不能称为书写。我所说的学会书写，是毫无功利心，是把书写的过程当成记录我们成长的印记。也许有些老师担心自己不会写，没有人能一下子就写好。我2012年参加首批南雄市名班主任培养，2013年开始正式进入书写生活。这些年，我要求自己每天从学校带一个故事回家。这样你就会去观察，晚上自然就能写班级故事。因为毫无功利心地在写，慢慢有了沉淀，慢慢有文章发表。现在回头看，发现许多文章写得连自己都读不下去，但正是这些沉淀，让我遇见了今天更好的自己。

现在，所有的名和利，对我来说没有任何吸引力，我只是一个想做事的人，做我觉得有意义的事情，我乐在其中。所以，我依然没有停止阅读、书写的脚步，相反，对自己书写的要求更高。受诗意德育课题研究的影响，我之前写班级故事，都以散文的形式记叙，趋向诗意化，这样的文字对教育思想的提炼帮助不大，更是难以帮助别人。当认识到这点后，我加入了四川宜宾张道明老师的教育写作共同体，参与每周一篇千字文的教育写作，以哪周没有完成任务自觉给群里发 20 元红包的形式，接受监督，鞭策自己，提升自己。

学会研究、学会提炼、学会书写，是一个水乳相融的整体，也是我成长起来的一条捷径，当然无论什么时候，都要跟阅读紧密相连，才能不断超越自己！

# 以科研为抓手，借助引力促成长

## ——我的名班主任工作室成长金钥匙

我的名班主任工作室——南雄市李红秀名班主任工作室自2021年3月19日揭牌成立，短短7个月，收获了喜人的成长，也收获了暖心的感动与幸福。

## 一、根据工作室的人员结构，制定发展目标

工作室由14名班主任构成，其中7人来自珠玑镇中心小学，4人来自邓坊学校，3人来自水口镇中心小学。这是一支团结进取、潜心研究、乐于奉献的团队，但也是一支研究力量薄弱的团队。工作室里流传着一句话：我是工作室的一员，我得为工作室发展出一份力！可见大家都在朝着同一方向努力。为了促进工作室的发展，经过商讨，我们确定了工作室的发展目标：以"科研"为抓手，培养、带动工作室班主任，以及工作室所能辐射的每一个班主任，努力朝着有创新和开拓精神的"研究型班主任"转型，做一个通过教育多维互动，促成生命共同体形成的连接者。

## 二、朝着目标，引领工作室开展活动

开阔的人文视野、精深的专业知识、扎实的教育理论，是研究型班主任该有的素质。我通过举行或者参加各种教育教研活动（活动分为工作室举行的集训和工作室外举办的活动），引导工作室成员在思想的碰撞中反观自己，在课堂的锤炼中不断成长，进而形成自己的育人风格和育人思想。

### （一）工作室每学期一次集训

工作室自挂牌以来，每学期举行一次内容丰富的集训活动。第一次集训是

2021年3月19日，由潘余香老师承担一节心理健康活动观摩课，并召开研讨会，确定了工作室的大方向是以"科研"为抓手带动工作室的发展，确定了科研特色主线是"'点灯'式班级管理"。

第二次集训是2021年10月22日。这次集训共有三个议程：主题队会观摩课、专题讲座、交流研讨会。主题队会观摩课由余明清老师承担；专题讲座邀请了南雄市教育局德育办吴世龙主任，讲座的主题是《学生有品行，家庭有希望，国家有力量——浅谈班主任如何立德树人》；交流研讨会就观课进行了议课，同时大家对科研进展情况展开了探讨，并对下一步工作进行了布置。我还邀请了珠玑镇中心小学全体班主任和里东八一爱民学校、梅岭小学的老师参加我们的活动。

工作室的集训，提升了班主任们的综合能力，扩大了工作室辐射面。

### （二）积极参加教育局举办的活动

我常常鼓励工作室的班主任们团结进取，勇于挑战自己，踊跃参加教育局举办的各类竞赛，凝聚教育智慧，享受成长过程中节节提升的幸福，如潘余香、邓良琴、郭晓燕、余明清等老师参加南雄市教育局举办的赛项，均获得了好成绩。作为主持人的我则以专题讲座的形式，推广"点灯"式班级管理策略，扩大工作室辐射范围。

### （三）向全国优秀老师学习教育写作

在大家眼里，我是一个写作水平不错的老师，但是随着写作任务的不断增加，也不断有老师找我给他们润色论文，或者指导写论文，我常常感觉自己力不从心。因此，我迫切希望提升自己的教育写作能力，以更好地带领团队朝着研究型方向转型。我开始思考通过什么方式来提升自己。一天，我在网上读到四川宜宾张道明老师发出的《教育写作共同体招募令》后，果断地加入了这个共同体。共同体要求每周写一篇教育文章，没完成的需发20元红包到群里。加入这个共同体，在张老师的指导下，我慢慢远离了诗情画意的散文表达方式，朝着教育教学研究路迈开了大步；加入共同体，也是想通过这样的方式监督自己，把教与写坚持下去。

### （四）强化阅读学习，潜心科研探索

向"研究型班主任"转型，从阅读与写作开始。工作室2021年3月成立，

我 4 月购置了苏霍姆林斯基的《给教师的建议》、李镇西的《爱心与教育》和点灯人丛书等共 21 本书，给珠玑镇中心小学、邓坊学校、水口镇中心小学各分发 7本，供大家轮流阅读，并定期开展读书交流会，同时开展每月一文写作活动。根据工作室成员特点，由我和郭晓燕、江南风、周群燕老师组建了工作室编辑部，负责收集文稿，并进行修改润色。2021 年 4 月，随着读书与写作的启动，我们成立了工作室编辑部、工作室课题组、工作室成果实践组，由此正式进入以"科研"带动工作室的发展，以"科研"促进班主任专业成长。

工作室科研主线"基于幸福教育的'点灯'式班级管理的实践研究"是受我老师吴世龙主任的幸福工作点灯教育理念启发，结合班级管理实践，经广东省名班主任培养导师指导，逐渐形成的。本成果在南雄市范围学校多次以讲座分享的形式进行推广，深受班主任们的喜欢；在教育部"国培计划（2020）——骨干班主任教师培训项目研修（培训）"中也进行了推广，得到了国培班专家教授高度赞誉。工作室科研项目得到了学校的大力支持，把"点灯"式班级管理融入校园文化建设，添置班级设施，开展专题讲座，发动全员参与，为工作室科研探究注入了强大的力量。

在实践中，我常常邀请工作室成员一起走访各办公室落实成果运用情况，收集实践中的困惑，以沟通答疑、案例分享等形式帮助成果的运用落实，同时收集了部分老师运用过程中的建议，更好地推进成果的不断完善。全面推广 2 个月后，班主任们反馈非常好！5 月底，教育局田春英主任跟我说："据说你有个很好的项目，试试申报一个成果奖吧。"在她的鼓励下，我们决定申报成果奖。

申报成果奖是件新鲜事，身边的老师都说不知道如何写。许多天里，从哪里入笔还是没找到头绪，于是，我向广东省名班主任培养导师殷丽萍教授请教。殷教授推荐我先把《解码名班主任孵化器》这本书买回来看，又推荐了一个广东省成果奖的链接供我学习，还说我写好后帮我修改。有了殷教授的帮助，我信心倍增，在最短时间内读完了教授给我推荐的书籍。开始入手写，我写得很慢，思路很堵，写写停停，改了又改，直到 6 月 18 日才完成交给殷教授。教授给我提了很多建议，我对着建议一条条改，依然改得不顺，那段时间白天晚上都在想这件事，思路来了，会修改至深夜两三点钟，终于在 6 月 23 日改完了。我依然不放心，又不好意思再次打扰殷教授，于是向李季教授请教，在李教授的指导下，文稿终于有了比较满意的面容，我们的成果报告终于完稿。

工作室申报成果奖，得到了学校的大力支持，成立了成果奖准备小组，德育副校长徐丽华亲自协助把关，潘主任负责做佐证材料。我的材料改了一遍、两遍、三遍……不知道多少遍，成果奖的佐证材料也是如此，改了又改，眼看临近截稿时间，我们的材料依然不尽如人意。徐丽华校长说："决定了的事，则全力以赴。"于是，她亲自跟我们一块加班到深夜 12 点。

终不负有心人！9 月传来了好消息，我们的成果被韶关市列为重点考察项目，教育局局长和教科研院长要来考察。10 月底我们的成果获得了韶关市中小学基础教育教学成果奖第一名！看着网上的公示，我十分兴奋、激动——团队的力量是无穷的！团队身心合一的力量是神奇的！

"基于幸福教育的'点灯'式班级管理的实践研究"成果主要针对中高年级孩子的年龄特点。周丹梅、邓良琴、郭洪云等老师代表工作室申报了低年段的课题拓展延伸。在实践推广的同时，我们继续探索适用于低年段的一套点灯式班级管理方式。

### （五）注册公众号，扩大影响力

名班主任工作室的公众号，既是工作室展示名班主任风采和德育成果的一扇窗口，又是一个学习交流的平台，能起到辐射带动作用。因此，我在筹备工作室成立之初就十分重视公众号的建设工作。

2021 年 3 月 19 日，工作室正式挂牌成立，我找到陈亮化老师，请他注册公众号，请叶冬风老师为公众号设计特色徽章。徽章图为双手捧着火炬，寓意：愿做一名点灯人，唤醒自己，携手给孩子以光亮，让班级成为孩子精神成长的家园。余明清老师参与了公众号的管理。工作室的老师们充分利用公众号容量大、空间大、信息快的特点，将工作室活动通讯、随笔、心得等及时上传，扩大对外影响力。

## 三、取得的成绩

短短 7 个月，工作室取得了累累硕果。据不完全统计，德育相关论文获韶关市奖项 3 篇；获南雄市奖项 8 篇；积极参与南雄市中小学心理健康活动课大赛，2 人获奖，其中潘余香老师荣获一等奖；积极参与 2021 年第三届班主任工作论坛经验分享并获好评；积极深入教育教学科研活动，已申报课题 5 个，申报韶关市成果奖 1 个，并被韶关市列入重点考察项目；成果推广讲座 3 场。

## 四、不足之处与未来努力方向

短短的 7 个月，在活动开展、科研特色等方面取得了一定的成绩，但也存在着许多不足，尤其是研究能力和公众号管理能力较弱。接下来，我打算鼓励工作室的老师们坚持每月一文的撰写，为将来出成果著作做准备；也争取更多培训机会，让老师们快速成长起来。

# 借助阅读，促进教师专业成长

教师要多读书，借助阅读，促进专业成长，做到"扎牢根基，依法执教"，做到胸怀"利器"而上岗。我们读书，首先从读法、懂法开始。

## 一、读书是"扎牢根基，依法执教"的必要条件

教师是一个美好的职业，但一切美好都需要一定的规则为它保驾护航。依法执教，从"学生保护与管理中的权利冲突"说起。曾经听过"手机管理案"，是发生在某中学的真实案例：

学生小明在课堂中玩手机，被数学老师收了。小明下课后找到班主任，请求班主任把手机还给他，并保证以后在课堂中不玩了。班主任只回了一句："我没见着你的手机。"之后没有对这件事进行跟踪。小明以为班主任不原谅他，决定晚上到办公室把手机偷出来。晚自习后，小明在办公室门前的走廊徘徊，因为当时有巡查老师，不方便进办公室。等老师走了，他迅速溜进了办公室，正在翻找班主任办公桌时，巡查老师又来了，他急忙躲在了窗帘后面。老师的脚步声越来越近，眼看就要到办公室了，他一急，掀开窗帘从三楼办公室窗户跳了下去，小明被摔成粉碎性骨折，需要截肢。小明父母把数学老师、班主任、巡查老师、学校一起告上了法庭。

这个案例涉及的是老师对学生具有安全保护的义务，那"如何界定教师对学生的保护义务"？一轮诉讼下来，数学老师、班主任、巡查老师均有责任，数学老师没收手机后没有给予学生心灵的安抚，也没有把手机交给班主任，跟班主任沟通这件事情；学生向班主任问及手机，班主任没有引起足够的重视，没有起到班主任的教育责任；巡查老师在第一次巡查时，发现有学生下了晚自习还停留在走廊里，他没有做原因调查，没有尽到巡查老师的责任。就这样，三位老师都存

在过错，分别承担了相应的法律责任。而导致这样的过错，正是缺乏专业阅读，对学生心理以及行为"看不见"，没能做出相对应的教育措施，导致了教育悲剧的产生。

2019 年的"山东杨守梅事件"，因为体罚学生，杨老师迅速从"优秀老师"滑落为"不合格老师"。体罚学生，这个行为与教师对学生安全保护的义务相违背，构成了违法行为。网络里为她鸣冤的人不计其数，赞她是一名优秀的好老师。但《中小学班主任工作规定》明文规定："班主任在日常教育教学管理中，有采取适当方式对学生进行批评教育的权利。"批评教育学生的方法千千万，若是优秀班主任应该懂得如何区分正当管理行为与违法行为，依法执教乃是现代教育的基本要求。班主任管理中需要的是惩戒而不是体罚，惩戒与体罚是有着本质区别的。

惩戒，不妨采取违纪计分制，根据违纪行为的轻重定分值，当违纪行为达到一定分值时，最严重的可采取隔离学习的办法，请家长前来接回家隔离学习（不能超过一周）。所谓隔离学习，即将当天准备学的知识点带回家里自学或者由家长教，返校时要接受考核检查。具体程序可以设为：①开学时定下班规满多少分则隔离，做到惩罚有章可循；②对受隔离惩罚的孩子进行心理疏导，让其心服口服受罚；③站在孩子发展的角度上，跟家长沟通，让家长心悦诚服地配合隔离；④家长前来学校，孩子写好请假条，家长签名后再接孩子回家。⑤将上面几步工作记录下来，留下工作凭据。

这个办法效果显著，也受《中小学教育惩戒规则》保护。教师的阅读，从学法、依法执教开始。

## 二、读书是"寻找血亲，灵魂溢香"的有效途径

稻盛和夫把物质的分类归为可燃、不燃、自燃三种类型，我们人也同样有三种：点火就着的可燃型；点火也烧不起来的不燃型；自己就能熊熊燃烧的自燃型。事业成功的人，绝大部分是自燃者，他们热爱工作，有明确的目标，还能照亮别人前行的路，让每个靠近他们的人都倍感温暖。

今天的我，是一个享受工作的自燃型老师。可是昨日的我却是一个不折不扣的不燃型老师，我不读教育书籍，心中迷茫空虚，对人生充满困惑，面对挫折时一击则败，无力抵抗。九型人格中，我属于四号悲情主义者。四号人有个很突出的特点：喜欢独处，害怕交际，常沉醉于自己的想象世界里。四号人最容易抑

郁。很不幸，昨日的我就是一个抑郁症患者，最严重的时候，需要靠安眠药入睡。被抑郁症困扰时，上嘴唇曾在一秒钟忽然长出一个包，那是一个又黑又肿的包，那种痛仿佛被人重重地砸了一拳；还把自己关在房里过，歇斯底里地撕扯着自己的头发，那些自残行为不堪回首。我做过药物治疗，但抑郁症是一种精神疾病，很难根除。后来，一个偶然的机会我获得了"南雄市名班主任培养对象"的学习机会，从此走向了一条有理想、有信仰的班主任探索之路。我不断成长，朝着导师指的方向，不断阅读前行。阅读，在书中寻找自己，从而改变自己，让自己不断走向远方。

2020 年 9 月开始，全国中小学都统一使用最新统编版语文教材。这套教材的使用，意味着教育进入一个大阅读时代，意味着老师进入一个必须阅读的时代。读书首要读经典书籍，分为文学经典与教育经典。若把读书想成一个求学过程，经典书籍如老师，主导思想上层建筑。以《红楼梦》这部古典著作为例，我是从小学五六年级开始接触它，但是压根就读不懂，我只好退一步，先读绘图版小人书，从故事情节入手，慢慢就感兴趣了；然后，把红楼梦放置枕边，等我上了初中已经有了一定的理解能力，每晚抱起它来读一两章，阅读原著才算开始。经典著作往往比较难懂，值得我们一辈子品读。信息时代，可以配合网络听书软件听一听专家的讲解，刘心武解密红楼梦、蒋勋细说红楼梦，听一回讲解，读一回原著，把感受写一写，这样对《红楼梦》便有了进一步的理解。我把这种读书方法概括为"三步阅读法"，即退一步、等一步、进一步。我也常常跟孩子们分享这种读书方法，引导他们渐渐走进经典著作。

碎片阅读，往往是在零碎时间里进行的阅读。这种方式的阅读比较灵活，可以是阅读杂志、阅读网文。如果说经典书籍是老师，那么碎片阅读中的追踪阅读则如同伴，同伴互相激励，互相斟酌，并肩前进。追踪阅读主要是读教师公众号的推文，读那些比较有影响力的，我每日追着读，从原来的博客追到现在的公众号，几乎是每文必读，遇上喜欢的还反复读，长期下来，这些老师的思想就会化成能量从而影响我。他今天读了什么书，我会不由自主地去把这本书买回来读；今天他推出了什么班级管理妙招，我也会去试试；他天天更新文章，我发现原来小事写出来也可以感动人，于是我也开始写。渐渐地我发现，带班越来越顺了，写得也越来越好了，对公众号里的主人越来越熟悉亲切了。此时，他已经化身成为我的朋友，推动着我成长，又如亲人般温暖着我。这种在成长过程中遇上的好友兼亲人，有个好听的名字叫"精神血亲"。

全国著名作家张丽钧校长说：精神血亲，是有着相似的灵魂追求，生命可以同频共振，凝视彼此的生存状态，相遇有着揽镜自照般的惊喜。非常赞同张老师的观点"读书是寻亲"：我们都是真诚地携着灵魂前来"寻亲"的——寻找"精神血亲"。每个寻到亲人的人，生命感与幸福感都瞬间倍增！大家双目星闪、两颊酡红、灵魂溢香，格外好看。挥别时，内存已如秋日核桃般丰盈。

在阅读中，我遇到几个对我影响比较大的精神血亲老师：李迪老师，已经是一名正高级教师。她是一个音乐老师，因为性格的原因不被看好，她凭着自己对教育的热爱和追求，默默地写日记——写的是日常教育故事，博客流行时候写博，后来在QQ空间里写，再后来写公众号，几乎一直坚持每日更新。后来她的日记影响力越来越大，激励着一批批老师。再后来，被出版社发现出了书，紧接着一串串大奖也随之而降。李迪老师靠着写日记，靠着她那份教育情怀，迈向了成功之路，让我们看到了作为普通老师的希望。还有钟杰老师，是个善于总结的老师，不断地总结自己的教育故事，提炼出一个个锦囊妙计，帮助了很多的老师。

影响我的还有好多人，我的精神血亲们，身上都流着相同的血液，那就是自觉、自主、自为。自觉：以爱育人，不待扬鞭自奋蹄；自主：规划成长，找寻自己的"紫色奶牛"；自为：志业理想，将爱的事业进行到底。他们都是发挥自己的长项，默默地走出来，成为教育界里的"紫色奶牛"。什么是"紫色奶牛"，李季教授说："当你见惯了黑白相间的奶牛，如果眼前出现的是一头紫色的奶牛，你的眼睛一定会为之一亮。一个追求成功的学校或个人都需要这种'紫色的奶牛'。作为班主任，你们要告别旧木桶原理，发扬新木桶原理，找准自己的长处，发扬光大，则可以成就属于你的'紫色奶牛'。"以前我是运用旧木桶原理去弥补短板学科，才考上理想的大学，考上教师岗位，成为一名光荣的人民教师。现在，我开始运用新木桶原理，发扬自己的特长，寻找到属于自己的"紫色奶牛"。这需要智慧，需要通过阅读这条途径帮助实现，没有任何人可以做到不学习不阅读就可以抵达成功的彼岸。

我很喜欢辛弃疾的词："我见青山多妩媚，料青山见我应如是。"当阅读融入心中时，当心融入阅读时，当阅读与工作融为一体时，转变就开始了，你会开始思量如何利用已有的资源去修复和整合，去重建我们的内在世界。工作的意义不仅在于追求业绩，更在于完善我们的内心。有了这样的想法后，不由自主地会把爱心化为智慧，把能力化为动力，把被动化为主动，把消极化为积极，把危机化为契机，把情景化为故事。

在这种情怀的推动下，2014 年，我主动申请去乌逤支教；主动要求做班主任，每天放学带一个故事回家。阅读的喜悦、工作的幸福，一一变成了灵感，抖落在文字里，紧密地跟我的老师我的精神血亲们同频共振。几年下来，我的文章在各刊物中不断发表。文字背后见人心，仅仅透过标题，大概也看到了一个"自燃型的灵魂溢香"老师的模样。

## 三、读书是"知己知彼，百战不殆"的锦囊妙方

罗曼·罗兰说：从来没有人读书，只有人在书中读自己，发现自己或检查自己。通过读《九型人格》，我更深刻地认识了自己，跟自己内心的小孩做了和解，悦纳了不完美的自己，也再次认识班里的孩子们，悦纳了不同个性的他们。读稻盛和夫的书，让我明白了自己内心想要的是什么，也让我不断引导孩子们去思考：你想要什么？读《如何说　孩子才会听　怎么听　孩子才肯说》，让我探寻到了跟孩子沟通的有效途径，在教育纠结的时候，可以找到一条突围的路。

全国知名班主任万炜老师在《班主任兵书》中，把班主任工作比喻成战场，战场只有知己知彼，才能做到百战不殆。我刚走上讲台不久，有个"战败"的案例，每次想起都让我悔恨不已：

那年带了六（1）班，班里有个叫小翔的孩子。小翔 2 岁时父母离异，母亲离开后就再也没探望过他，父亲外出打工只有过年时回来几天，他长期跟年迈的奶奶一起生活。因为缺乏正确的引导，他养成了顽劣爱打人的坏习惯。每天班里不是这个被他打哭，就是那个同学的东西被他毁坏，班里被他搅得一团糟。多次找他谈心没见成效，新老师让他独自坐在讲座旁的角落里，远离同学，并在班里宣布："谁也不许与他玩！"以为减少他与同学接触的机会，惹是生非的情况就会减少了。可是没想到，小翔开始公然抗庭，在课堂中通过各种怪异举动故意惹怒新老师，下课后新老师前脚迈出教室门，后面就听到他打同学的尖叫声……恼怒的我对他一阵责骂，希望他可以知难而退。直到在一次日记中，他写道："老师让我在同学们面前丢丑，让我彻底失去了朋友，她的言行深深地伤害了我！我恨她，恨她、恨她……"一串连的"恨"字，如整钟敲在了耳旁，震彻心底！孩子所有的恨，凝聚的是日日夜夜积累起来的教育疼痛。我立即做出了各种补救措施，然还没有来得及完全消除影响，学年便结束了，我再也没有机会跟小翔和解了。

　　都说一个班主任跟顽劣学生站在对立面上斗，是永远也斗不过学生的。这个案例中，小翔爱打人，爱毁坏同学的东西，是一个暴躁、毁坏力强的孩子。这些行为的背后有更深层的原因。小翔是个缺爱的孩子，他很可能是想通过这样的行为引起老师的关注，希望得到更多的爱，但我当时没有看到背后的根源，只看到小翔表面的违纪，进行了粗浅的责骂处理，导致了师生的对立。这个案例引发我深切的反思：工厂生产出了次品，可以追回来加工；庄稼种出了病苗，可以明年再来；而我们教育过程中出了问题，由谁买单？

　　正是一个个小翔同学，让我在败阵中反思，在阅读中成长——

　　小林是"大名鼎鼎"的孩子，以搞恶作剧出名，如用墨水喷同学，看着同学满身是墨水，他哈哈大笑；他目中无人，老师批评他，他则歪着脑袋，斜着眼睛，"切"的一声表示不服；老师再批评，他则伏在桌子上，一天不听课。他的家长也让老师避而远之。小林读四年级时，奶奶在中元节祭祖烧纸钱包时，把老师的名字一并写上去，诅咒老师早死；读五年级时，他的妈妈拿着录音笔趁着老师不在课室的时候，去问同学们：老师是怎么骂小林的？有没有打小林？然后拿着录音要挟老师。在如此家长的呵护下成长的小林，升到了六年级我的班中。编排座位时，全班孩子都不肯跟小林同桌。我对小林说："我知道你跟我一样是个爱读书的人，咱们是同类，到第四组第一张桌做我的同桌，老师正好缺一个助理，以后我的讲桌可得麻烦你天天帮我保持干净整洁哦。"开学第一天午餐时间，我在食堂找到已然长成男子汉的小林，跟他共餐，跟他天南地北地聊，末了以信任的口吻对他说："老师个儿小力气小，将来班级里很多活儿得要你帮忙；老师老了，记性差，还有很多事情也需要你帮忙记。以后你得挺我呀。"小林拍拍胸膛答应了。

　　班级共读一本书，每两周举行一次读书分享会，轮到我分享的时候，总是记不住故事主人公的名字，需要小林帮忙提醒；也会忘记故事关键情节，需要小林帮忙续讲一段……同时紧密地跟小林家长汇报小林在校的行为表现，表扬孩子的点滴进步，偶尔提出需要家长的帮助与支持，并告知帮助支持的方法，希望家长尽量与教师同步同策。学年结束后，小林找到了自信和班级自豪感，学会了尊敬师长，虽然还有很多缺点没改掉，但是我已经跟小林、小林家长成为了朋友，引领还在继续。

　　在一定程度上，小林"战斗力"更强，因为小林背后的家庭也参与其中。我深入了解之后，采取"攻心"策略，比如示弱请求帮忙，给足对方自尊，贴红标签"爱读书的人"给予积极引领，把对方拉入自己人阵队中；当小林违纪时，不是责骂，而是帮助疏导消极情绪，树立正确的价值观，引导纠正行为。还有一点最重要的是，对家长没有避而远之，而是想办法拉入自己的阵队，三方统一了阵线，就是成功的开始。

攻城为下，攻心为上。要想攻得好，攻得巧，可以通过阅读，不断改变自己，提升自己；引导学生共读，努力把学生引向一条共读的精神血亲探索路。

若说年轻教师是稚嫩的，那么借助阅读，在实践中走出稚嫩，在各种教育问题面前告别初出茅庐的迷茫，就可以领略"柳暗花明又一村"的教育喜悦。

（2019 年 8 月 25 日新教师岗前培训讲座稿，选录有改动）

# 后 记

有一个孩子每天向前走去，

他看见最初的东西，

他就变成那东西，

那东西就变成了他的一部分……

如果是早开的紫丁香，

那么它会变成这个孩子的一部分；

如果是杂乱的野草，

那么它也会变成这个孩子的一部分……

这是我特别喜欢的一首诗，在很多场合里，我常常都会不由自主地吟诵起。

感恩名班主任培养，让我遇见了我的老师，遇见一个个优秀的同学与朋友，他们就像那早开的紫丁香，吸引着我，于是紫丁香成了我生命中的一部分；于是，紫丁香也成了我班里孩子生命中的一部分。他们更像一个个点灯人，点燃了我，照亮了我前行的路，让我猛然间发现：原来乡村教师也可以活得幸福与精彩！原来乡村教师也可以有诗和远方！

《做一名诗意的点灯人》正是我迈上名班主任培养之路的教育生活写照，也是我的成长历程展现。它，如乡野小径里开出的一朵花，不张扬，不惊艳，却以一种特有的内敛与宁静，安然地开放；它，更似乡村校园燃起的一盏灯，散发着微薄之光：温暖、纯朴、自然、真实！

此书得以出版，我要感谢广东省第二师范学院的李季教授和殷丽萍教授，南雄市教育局德育办公室吴世龙主任，自从迈上名班主任培养之路，成为他们班里的一名学员后，导师的激励声从来没有远离。都说每个成长起来的老师，背后一定有鼎力支持的导师在引领，这三位导师都在不同方面给予我最大的帮助。在教育教学实践中潜心研究、用心书写，是我对他们唯一的回报。

《做一名诗意的点灯人》成型，有导师的指引，还有韶关市教育局、南雄市教育局的鼎力支持。感谢韶关市教育局德体卫艺科吴燕老师和南雄市教育局德育办公室张朝丽老师多次给予我学习交流的机会，让我的能力不断得到提升，也把我们的"点灯"式班级管理成果推向了更广阔的教育天地，得到了更多班主任老师的认可和参与。感谢张朝丽老师赐予我另外一个身份——名班主任工作室主持人。在工作室里，我们团结合力，共读共写，集中研修，把成果推向了一个新的高度，也把我推向了新的成长渴求阶段。

感谢我们学校——南雄市珠玑镇中心小学，感恩谢祥明校长对我的成全与支持，是这方沃土让我有了成长的根基；是这个温暖的大家庭，让我执意把这份温暖通过"点灯"式班级管理传递给孩子们，传递到更宽广的教育领域。感谢珠玑镇中心小学德育处潘余香主任的力推和老师们的帮助，让我们的"点灯式"班级管理成果在校园里落地生根、开花结果。

由于笔者才疏学浅，在治学的路上蹒跚学步，还存在许多不足，恳请读者和专家、同行不吝赐教。

李红秀

2022 年 5 月 20 日